KB269632

퍼포먼스 스코어카드

성과측정 · 목표달성을 위한
관리시스템 구축법

리처드 창 · 마크 모건 지음 | 김일기 · 장용선 옮김

HANEON.COM

퍼포먼스 스코어카드

성과측정 · 목표달성을 위한 관리 시스템 구축법

펴 냄	2005년 10월 5일 1판 1쇄 박음 / 2005년 10월 10일 1판 1쇄 펴냄
지은이	Richard Y. Chang ┃ Mark W. Morgan
옮긴이	김일기 · 장용선
감수	문형구
펴낸이	김철종
펴낸곳	(주)한언
	등록번호 제1-128호 / 등록일자 1983. 9. 30
주 소	서울시 마포구 신수동 63-14 구 프라자 6층(우 121-854)
	TEL. 02-701-6616(대) / FAX. 02-701-4449
책임편집	김은희 ehkim@haneon.com
디자인	최지안 jachoi@haneon.com
홈페이지	www.haneon.com
e-mail	haneon@haneon.com

이 책의 무단전재 및 복제를 금합니다.

잘못 만들어진 책은 구입하신 서점에서 바꾸어 드립니다.

ISBN 89-5596-280-0-13320

PERFORMANCE SCORECARDS

Performance Scorecards

Measuring the right in the Real World

by Richard Y. Chang & Mark W. Morgan
ISBN:0-7879-5272-9

어제 내린 판단은 만족스럽습니까?
오늘은 어떻게 행동하시렵니까?
내일을 예측할 수 있습니까?
올바른 잣대는
애매하고 막연한 추측으로 인한 불안을
말끔히 지워버릴 것입니다.
외롭고 치열한 자리,
한국의 모든 경영 리더들을 응원하며…

To.

From.

리처드 창에 대하여

리처드 창*Richard Chang*은 캘리포니아 어바인*Irvine*에 본부를 두고 성과개선컨설팅, 교육, 출판을 하고 있는 Richard Chang Associates, Inc 의 최고 경영자이다. 전략계획, 성과측정, 품질개선, 조직개발, 변화관리, 고객서비스와 인적자원개발의 국제적 전문가로 알려져 있는 그는, 지금까지 4개 조직에서 경영관리자로 일한 경험이 있으며 도시바*Toshiba*, 매리어트*Marriot*, 시티*Citi*은행, 맥도널드*Macdonald's*, 유니버설 스튜디오*Universal Studios*, 피델러티*Fidelity*투자회사, 나비스코 *Nabisco* 등을 포함한 광범위하고 다양한 조직의 외부 컨설턴트로 활약해 왔다.

창은 ASTD(American Society for Training and Development) 회장, 말콤 볼드리지 전미 경영품질상(Malcolm Baldrige National Award)의 심

사위원직을 역임하였고, 산업/조직 심리학 박사학위를 갖고 있으며, 지금까지 사업과 개인개발에 관한 20권 이상의 책을 저술 및 공저했다. 《The Passion Plan: A Step—by—Step Guide to Discovering and Living Your Passion(Jossey—Bass, 1999)》도 그중 하나이다. 창은 세계 각지의 회의에서 많은 기초 강연을 해 온 것으로 잘 알려져 있으며, 전미 저명 청년인명록(Outstanding Young Men of America)이나 전미 경영자인명록(Who's Who in Leading American Executives) 등에도 등재되어 있다.

마크 몰간*Mark Morgan*은 Richard Chang ASsociates, Inc.의 시니어 컨설턴트다. 몰간은 퍼포먼스 스코어카드 개발, 전략책정, 성과측정, 조직평가, 팀 빌딩*Building*, 프로젝트관리, 그리고 업무개선에 관해 연구해 왔다. 그는 노텔 네트워크*Nortel Networks*, 벨사우스*BellSouth*, 피델어티 투자회사, 노드롭 그루먼*Northrop Grumman*, 나비스코, 하스브로*Hasbro*, 듀퐁*Dupont*, 보잉*Boeing*, 포드*Ford*, 뉴질랜드은행, 나사*Nasa*, 록히드 마틴*Lockheed Martin* 등의 회사들을 컨설팅해 왔다. 또한 품질과 측정평가 전문가로서 여러 기업에서 경영관리자로 일한 경험도 있다. 그는 플로리다대학에서 교육리더십으로 박사학위를 받았으며, 1998년에서 1999년까지는 말콤 볼드리지 전미 품질상의 심사위원도 역임했을 뿐 아니라 미국품질협회 회원이며 ASTD의 여러 위원회 위원으로도 일해 왔다. 저서는 한 권이며, 강연에서 상을 받은 유명한 강연자이다.

퍼포먼스 스코어카드에 대하여

기업 경영자는 3가지 유형이 있다.

- 성과 점수를 알고, 자신이 이기고 있다는 것을 아는 사람
- 성과 점수를 알고, 자신이 경쟁에서 지고 있다는 것을 아는 사람
- 성과 점수를 모르는 사람

저자들은 40년이 넘는 조직측정과 개선경험을 근거로 대부분의 현대 관리자들이 마지막 유형에 해당한다고 말한다.

현대 기업 관리자들은 데이터의 바다에 빠져 있으면서도 지식을 갈구하고 있다. 오늘날의 관리자들은 그들이 필요로 하는 이상으로 많은 정보를 접하고, 매일 홍수처럼 밀려드는 보고서와 이메일, 브리핑 쇄도에 허덕이고 있다. 홍수와 같은 정보를 다루고 있지만 관리자들이 결과를 분석하고, 해석하고, 결과에 따른 행동을 할 시간은 적다. 다운

사이징, 경쟁압력, 시시각각으로 변화하는 시장기회 등 여러 변수 속에서 시의 적절한 의사결정을 위한 즉각적이고 행동 가능한 지식의 필요성이 부각된다.

퍼포먼스 스코어카드(PSC)는 관리자들, 팀 구성원들, 상급자들이 성과를 관리하고 목표를 달성하기 위해 필요로 하는 다양한 요구사항을 다루고 있다.

퍼포먼스 스코어카드가 제공하는 요구사항과 방안의 일부에 포함되는 것은 다음과 같다.

- **시의 적절하고 이해하기 쉬운 정보에 대한 요구사항**

  퍼포먼스 스코어카드는 최신 정보와 의사결정을 하는 데 필요로 하는 중요한 평가척도(측정치)들을 간결하게 요약하여 제시한다.

- **주요 평가척도들의 성과를 그래픽 묘사로 보려는 요구사항**

  퍼포먼스 스코어카드는 관리자들이 목표(targets), 사업목표, 경쟁력 있는 기준에 대비한 성과를 모니터할 수 있게 만든다.

- **중요한 평가척도들에서 시의 적절한 정보에 대한 요구사항**

  퍼포먼스 스코어카드는 의사결정을 하거나 사업 결과에 직접적으로 관련된 지표들을 포함한다.

퍼포먼스 스코어카드는 컴퓨터나 지면에서 도표로 나타낼 수 있다. 그러나 형식은 중요하지 않다. 퍼포먼스 스코어카드의 가장 중요한 측면은 사업전략에 연결되고 조정할 수 있다는 것과, 중요한 영역에서 조직의 건전성을 빠르게 평가하는 데 사용될 수 있다는 점이다.

바르게 만들어진 퍼포먼스 스코어카드는 정보를 모으고 분석하는 시간과 비용을 줄이는 의사결정 도구를 제시함으로써 오늘날 정보과잉에서 오는 혼란을 줄이는 데 도움을 준다. 퍼포먼스 스코어카드는 간결하고 정확하게 최신의 진정한 성과 결과를 알려준다.

따라서 적절하게 개발하여 활용된다면 퍼포먼스 스코어카드는 과잉 자료를 줄임으로써 사업전략을 조정하는 데 유용하며 바람직한 결과를 이끌 수 있는 행동을 촉진하는 데 유용한 관리도구가 된다. 올바른 상황에서 올바른 측정척도를 사용한다면 고객, 종업원, 관리자, 그리고 다른 이해관계자들을 위한 사업결과물을 강화할 수 있다.

퍼포먼스 스코어카드를 활용하면 기업은 이러한 일들이 가능해진다.

- 업적을 사업목적 달성에 맞추기
- 사업 전략에 초점을 두게 하기
- 종업원들의 노력을 목표에 일치시키기
- 개선된 사업성과를 유지하기
- 사업 방향성 변경을 인도하기
- 이해관계자 집단에 균형 있는 성과를 달성토록 하기

오랫동안 많은 조직의 관리자들과 일한 결과, Richard Chang Associates, Inc.의 컨설턴트는 의미 있고 행동지향적인 퍼포먼스 스코어카드를 개발하기 위해 이 책에 기술된 방법을 개발했다. 여기에 기술된 기법을 사용함으로써 조직의 모든 리더들은 참된 사업성과를 보다 잘 이해하고, 쉽게 문제영역을 확인하고, 꾸준하고 일관된 목적에 대해서 의사소통하고, 진화를 목표로 시장에서 경쟁력 있는 수준의 업적달성을 지향하게끔 노력할 수 있다.

　로버트 캐플란 *Robert Kaplan*과 데이비드 노튼 *David Norton*이 〈하버드 비즈니스 리뷰 *Harvard Business Review*〉에 실린 그들의 논문과 저서 《발란스드 스코어카드 *balanced scorecards*》는 그동안 여러 유명 경영간행물에서 다루어져 왔다. 캐플란과 노튼은 '재무', '고객', '내부프로세스', '학습과 성장' 이라는 네 가지 영역의 평가척도들이 균형을 이룬다면 더욱 효율적으로 조직의 업적을 관리할 수 있다고 주장했다. 잘 개발된 발란스드 스코어카드는 조직의 성과를 전략과 일치시킬 수 있는 도구가 되기 때문이다.

　이 책에서 기술된 퍼포먼스 스코어카드는 발란스드 스코어카드와 동일한 이점을 가지면서 한 가지 더 중요한 것이 추가된다. 발란스드 스코어카드가 전형적으로 네 개의 결과 범주를 갖는 반면, 퍼포먼스 스코어카드는 경영팀이 조직의 현재와 미래 전략에 적합하게끔 숫자를 정의하고 범주를 분류할 수 있게 한다.

　그러므로 퍼포먼스 스코어카드는 측정평가 분류를 유연하게 함으로써 조직의 고유한 전략들과 사업목적의 주요 성과영역을 반영하는 범주 명칭을 사용하여, 측정범주에 대해서 좀 더 큰 유용성을 가능하게 해준다. 조직이 퍼포먼스 스코어카드를 개발하고, 연결하고, 조직 내로 확산(세분화)시킴에 따라 최고 계층의 사업전략들과 성과결과에 초점을 맞추면서 주요 성과영역이 분명해지는 것이다. 간단히 말해 퍼포먼스 스코어카드는 관리자들이 전략을 측정 가능한 행동들과 의미 있는 사업성과로 변환시키는 것을 도와준다.

우리는 이 《퍼포먼스 스코어카드》에서 기술된 방법들을 사용한 여러분의 개인적 경험을 듣고 싶다. 이 기법을 업무에 어떻게 응용을 했는지 여러분의 이야기와 다른 독자들의 사례를 공유하기 위해서 우리의 웹사이트 www. richardchangassociates.com을 방문해 주시거나 또는 여러분의 이야기를 performancescorecards@ rca4results.com으로 보내주길 바란다.

올바르게 측정하는 여러분의 능력이 계속 향상되기를 바라면서…

2000년 3월 리처드 창 & 마크 모건

감사의 마음을 전하며

이 책을 쓰기로 결정했을 때, 우리는 이미 시장에 나와 있는 성과측정을 주제로 다루고 있는 다른 책들과는 상이한 방식으로 설계되고 씌어져야 한다는 것을 알았다. 올바른 평가척도를 찾으려할 때 현장에서 직면하는 과제를 반영함으로써 실질적이고 현실에 맞는 정보를 제공하려 했다. 우리는 성과의 성공 여부를 평가하기에 적합한 평가척도를 찾아내야 하는 조직 내 모든 계층의 리더들의 자격 요건을 다루고 있는 책이 시장에서 요구되고 있음을 느꼈다.

다음 분들에게 특히 감사드린다.

책을 발간하는 프로세스에서 우리의 노력을 지원해 준 Richard Chang Associates, Inc.의 매우 능력 있는 모든 동료들에게. 특히 내용을 검토하고, 정보를 기록하고, 그래프를 디자인하고, 이 책을 마케팅하고, 완성하기까지 여러 가지 다양한 실행으로 도움을 준 크레이그 홀리Craig Holly, 질 헤니건Jill Hennigan, 도그 달질Doug Dalziel, 조우

윌슨*Joe Wilson*, 딕 가이저트*Dick Geisert*, 파멜라 웨이드*Pamela Wade*, 데니스 제프리*Denise Jeffrey*, 멜리사 지레타*Melissa Zirretta*, 리치 베이슨어*Rich Baisner*, 그리고 디나 프트남*Dena Putnam*에게 감사드린다.

이 책을 출판하는 데 필요한 편집, 마케팅, 제조 지원을 제공한 Jossey—Bass, Inc.의 재능 있는 전문가들과 원고개발 프로세스에서 필요한 여러 사항들의 균형을 맞춰준 사려 깊은 편집장 수잔 윌리암스*Susan Williams*에게도 많은 감사를 드린다. 또 책 디자인에 귀중한 지원을 해 준 쥴리아나 구스타프슨*Juliana Gustafson*, 파울라 골드스타인*Paula Goldstein*, 그리고 던 킬고어*Dawn Kilgore*, 그리고 성과를 평가하는 올바른 평가척도를 정의함으로써 이 책을 전 세계 독자들이 볼 수 있게 한 광고, 판매, 마케팅팀에게도 감사한다.

이 책에 사용된 줄거리를 더욱 효과적으로 의미 있게 다듬는 데 공헌한 소중한 동료들, 컬크 깔띠에르*Kirk Chartier*, 앤드류 암스트롱*Andrew Amstrong*, 킴 얀손*Kim Janson*, 에드 에미그*Ed Emig*, 프레드 헨*Fred Henn*, 게리 스미스*Gary Smith*, 콜린 카탈로*Colleen Catallo*, 팜 슈미트*Pam Schmidt* 등 많은 분들의 도움이 컸다.

The Richard Chang Associates, Inc. 조직 전체에 걸친 측정 시스템들을 설계, 개발, 지지하고 옹호해 준 우리의 고객사, 사업 동료들, 가까운 친구들, 가족들에게도 감사를 드린다.

한국어판 출판을 지원해주신 비콘*BCon*그룹과 주식회사 비콘코리아에도 깊은 감사를 드린다.

마지막으로 현실 세계에서 성과의 성공을 평가하는 올바른 평가척

도를 정의하기 위해 계속적인 관심과 자발성, 끈기를 가지는 이 책의
모든 독자들에게도 감사를 보낸다.

※ 참고문헌으로 인용한 조직과 출판물에는 다음의 것들이 포함되었음을 밝힌다.
The Baldrige National Quality Program
APQC
Harvard Business Review
Quality Progress

차례

프롤로그   019

1 성과문제.   029

2 스코어카드를 위한 단계설정   041

3 스코어카드의 입력정보 수집   057

4 스코어카드의 작성   083

5 스코어카드의 심화   109

6 스코어카드의 세분화   145

7 스코어카드의 연결   179

8 스코어카드의 확인   205

9 스코어 알기   239

참고문헌   250

퍼포먼스 스코어카드란 무엇인가?

퍼포먼스 스코어카드*Performance Scorecards*는 고객, 종업원, 그리고 이해관계자들에게 중요한 '소수핵심평가척도'에 초점을 맞춤으로써 기업이 보다 성공적으로 관리되고 좀 더 좋은 결과를 달성하게 해준다. 퍼포먼스 스코어카드는 사업전략의 전개를 지원하고, 처리 과정상의 문제점들을 발견하게 하고, 고객들의 기대와 요구가 충족되고 있는지 확인할 수 있게 만들어 준다.

평가척도를 효과적으로 관리하는 조직들은 우수한 사업결과를 얻고 있으며, 많은 연구들이 이러한 주장을 지지하고 있다. 모건과 쉬만(1999)은 '성과가 높은 기업은 인사관리와 측정평가에 있어서 다른 조직보다 뛰어나다'고 언급했다. 〈Quality Progress〉지의 뉴스평론(1996)에서 아더 앤더슨의 성과측정 서비스담당 세계 총괄이사인 스티븐 론엑*Steven Hronec*은 '전략적 업적측정 시스템은 기업이 성과 면에서 획기적인 도약을 이루게 한다'고 했다. 헤스켓 *Heskett*, 존즈

Jones, 러브맨*Loveman*, 사저*Sasser*, 쉴레징거*Schlesinger*는 하버드 비즈니스 리뷰에 실린 논문(1994)에서 사우스웨스트 에어라인*Southwest Airlines*, 서비스 마스터*Service Master*, 그리고 타코 벨*Taco Bell* 등의 성공을 인용하면서 '평가척도가 경영자들에게 방향을 제시해 줄 때 행동을 이끌어 낼 수 있다. 개별 평가척도들이 서로 연결되어 포괄적인 모습으로 나타날 때 서비스와 이익 간의 사슬은 새로운 이익과 성장의 토대를 제공해 줄 수 있다' 고 주장했다.

링글과 쉬만(1996)은 균형화된 측정시스템을 지닌 58개 기업과 재무지향적 측정시스템을 지닌 64개 기업의 사업실적을 비교했다. 그들의 연구에서 가장 중요한 결론은, 측정은 전략을 결과로 전환하는 데 있어 가장 중요한 역할을 한다는 것이다. 사실, 업계에서 선두에 있는 조직이나 우수한 재무성과 회사, 그리고 뛰어난 변화 리더들이 있는 회사는 다음과 같은 특징을 지니고 있다.

- 관리자들이 이해하고 동의한 평가척도를 갖추고 있다
- 재무적 평가척도와 비재무적 평가척도가 균형을 이루고 있다
- 전략적 평가척도들과 업무운영 평가척도들을 연결시키고 있다
- 전략적 스코어카드를 정기적으로 새롭게 하고 있다
- 평가척도와 진행상황을 모든 종업원에게 분명히 전달하고 있다

저자는 기업이 조화가 잘 이루어진 성과척도를 필요로 하는 복잡한 환경임을 깨달을 때 성공할 확률이 더 높다고 결론지었다.

간단히 말하면 퍼포먼스 스코어카드란 사업전략과 사업목적에 연결

된 평가척도들의 모음이다. 하나의 스코어카드는 사업의 특정 영역을 감시하고 관리하기 위해서 조직의 특정 레벨 — 예를 들어 경영자팀, 부서장, 관리자, 작업팀 — 에서 사용하여 그 영역을 평가하고 관리할 수 있다. 독립된 스코어카드의 평가척도를 정의하는 것은 간단하고 쉽게 만들 수 있다. 하지만 조직 전체에서 퍼포먼스 스코어카드를 실행하고, 전개하고, 관련시키는 것은 보다 어려운 작업이다. 따라서 경영진의 참여와, 퍼포먼스 스코어카드를 지속적으로 수집하고 보고하여 지속적으로 활용하기 위하여 시스템 개발에 대한 리더십을 필요로 한다.

퍼포먼스 스코어카드는 고립되어 있는 것이 아니다. 그것은 조직 내 다른 퍼포먼스 스코어카드와 수직적이고 수평적으로 연결되어 있다. 수직적 연결은 조직의 전략과 최상층 목표와의 연결이다. 이러한 연결은 관리자들과 작업팀들이 전략적 우선사항과 기업목표에 관심을 집중시키도록 피드백을 제공해 준다.

수평적 연결은 작업팀 수준에서 고객의 요구사항과 처리프로세스 결과들을 연결시킨다. 교차 작업팀들은 프로세스를 철저하게 평가하여 공급자/고객에게 전달 시 고객에게 올바른 결과물을 전달하는지 평가하기 위해서 연결화된 퍼포먼스 스코어카드를 이용한다.

중간 관리자들의 스코어카드를 한 예로, 표 0·1에 스코어카드의 연결 관계를 요약하였다.

● 회사의 전략목표에서 정의된 최상층의 사업목적
● 작업집단의 노력 프로세스 평가척도
● 고객들의 요구사항과 프로세스상의 결과물

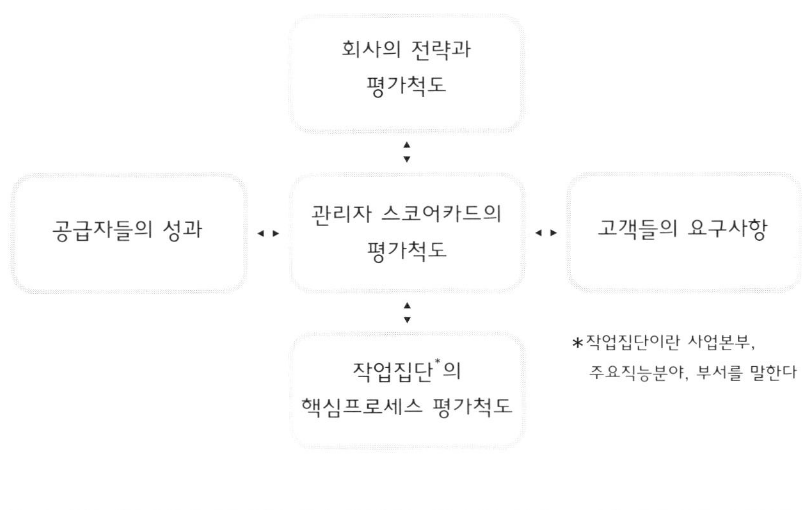

표 O·1	사업전략을 연결하는 스코어카드

스코어카드는 주요 평가척도들의 역사적이거나 혹은 계획된 성과를 묘사하는 그림과 도표를 포함한다. 경영층은 도표를 보고 목표에 비추어진 성과를 평가하고, 경향을 파악하고, 강점과 약점을 확인하고, 대책에 대해 피드백을 제공한다.

퍼포먼스 스코어카드를 개발하기 위해서는 6단계의 프로세스가 필요하다.

- 수집
- 작성

- ● 심화
- ● 세분화
- ● 연결
- ● 확인

이러한 단계를 거쳐 당신은 관리자들과 팀원들이 시간, 주의, 자원들을 향상된 결과에 초점을 두는 결과지향적인 피드백을 제공할 수 있게끔 연결된 퍼포먼스 스코어카드를 만들어 전개한다.

표 0·2에서 설명한 퍼포먼스 스코어카드 매지니먼트 사이클은 간단한 6단계의 접근방법을 정의한 것으로 스코어카드를 만들고, 연결시키고, 다듬는 절차단계의 지침이다.

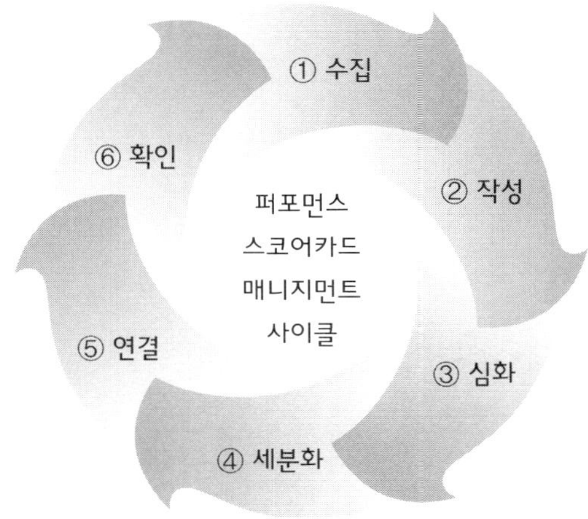

표 0·2	퍼포먼스 스코어카드 매니지먼트 사이클

1단계: 수집

수집단계에서 조직의 전략적 목표와 상급자 단계의 평가척도, 사업목적들로부터 퍼포먼스 스코어카드를 위한 자료를 모은다. 또한 각 작업팀들의 결과물, 핵심작업 프로세스, 고객들의 기대, 그리고 공급자들의 요구사항을 확인한다. 수집단계의 단계적인 지시사항들은 3장에서 제시된다.

2단계 : 작성

스코어카드 개발기간 동안 관리자는 경영층과 함께 주요 성과영역과 관련된 평가척도들을 결정하는 과정을 통해 퍼포먼스 스코어카드를 작성한다. 주요 성과영역은 사업전략에서 끌어내며, 각 조직에 고유한 것이지만 전형적으로 다음과 같은 유사한 영역들을 포함한다.

- 재무적 성공
- 고객 충성도
- 시장 리더십
- 종업원 성장
- 운영상의 효과성
- 공동체에 대한 영향

또한 스코어카드의 평가척도를 위한 기준안을 만들고, 수치목표와 목적을 달성하기 위한 계기를 만들게 된다. 작성단계의 절차들은 4장에 설명되어 있다.

3단계 : 심화

심화단계에서 성과를 개선하기 위해서 퍼포먼스 스코어카드의 체계적인 검토를 수행한다. 데이터를 모으고 적절한 목표를 결정한다. 또한 좀 더 적절하고 결과지향적인 목표와 평가척도로 만들어 간다. 심화를 위한 활동들은 5장에 기술되어 있다.

4단계: 세분화

세분화단계를 통해서 연결을 강하게 하고, 사업성과의 투명성을 높이고, 일선 라인의 사업목적을 향한 노력들을 결집시킨다. 이 단계에서 6장에 기술된 것처럼 작업집단의 퍼포먼스 스코어카드를 수립하고 경영성과표를 검토하고 평가한다.

5단계: 연결

이 단계에서는 개인의 성과계획을 책정하고, 종업원들과 1:1로 면접을 갖고, 지속적인 지도를 통해서 종업원 개개인에게 조직의 목적과 평가척도들을 연결시킨다. 종업원은 그들의 노력을 스코어카드 결과에 연결시키고 사업목적의 개선과 결과를 향해서 나아가게 하기 위하여 피드백을 이용한다. 연결단계의 절차들은 7장에 기술되어 있다.

6단계: 확인

확인단계에서는 평가척도들의 효과성을 증명한다. 올바른 평가척도인지 아닌지 여부를 측정할 뿐만 아니라 올바른 평가척도의 개수를 결정한다. 어떤 평가척도들이 서로 어떻게 연관이 되어 있고 원하는 결과를 달성하기 위한 '지레를 끄는 방법'을 이해하기 시작한다. 8장은 평가척도를 평가하는 세부적인 사항들과 계속적으로 퍼포먼스 스코어카드를 다듬는 프로세스들, 그리고 좀 더 나은 평가척도들을 개발하면서 나타나는 이슈들과 관련된 비법들을 제공한다.

조직의 규모나 집단 내 프로세스의 복잡성, 책임, 현재 평가척도의 성숙도, 정보시스템의 자료이용 가능성에 따라 6단계 모두를 완성하는데 걸리는 시간이 결정된다. 비전, 사명, 사업목적이 이미 정해진 조직은 수집과 작성 프로세스는 대략 이틀에서 나흘 정도가 소요된다. 남은 단계에서는 개선된 측정 관행들을 통상적인 사업활동에 통합하기 위해서 지속적인 활동을 필요로 한다. 6개월에서 12개월에 걸쳐 꾸준히

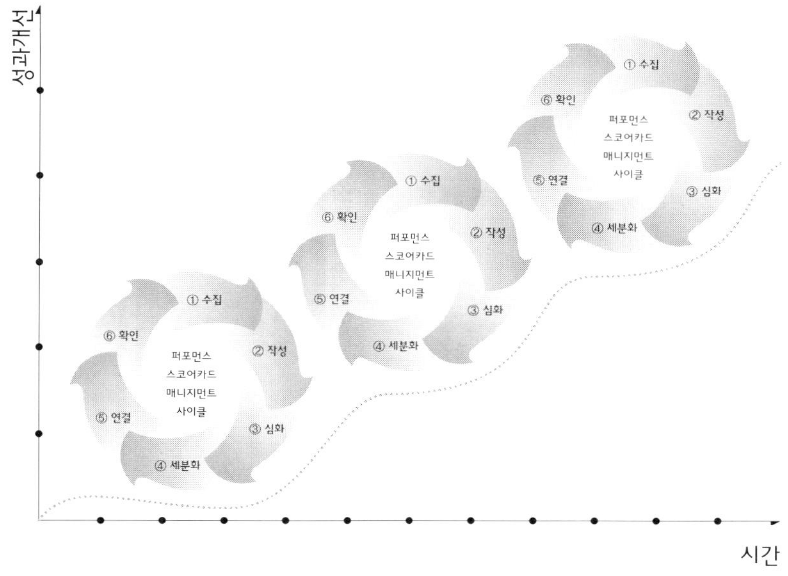

| 표 O · 3 | 퍼포먼스 스코어카드 매니지먼트 사이클과 성과개선 |

실행하면 사업성과에 획기적인 결과와 통찰을 얻게 된다. 퍼포먼스 스코어카드 매니지먼트 사이클의 지속적인 적용은(표 0 · 3을 참고) 조직의 성과를 개선하는 데 지속적인 도움을 줄 것이다.

평가척도들을 다듬으면서 자원을 보다 효과적으로 사용할 수 있는 이점, 좀 더 나은 의사결정, 그리고 업무활동의 조화, 낭비요소를 제거하여 더 좋은 결과를 위해 더욱 큰 통찰력이 향상된다. 6단계 전부를 완료하기 전에 성과가 나타나는 경우도 있으며, 다음과 같은 것이 가능하다고 느끼게 된다.

- 기회를 확인하고 개선 행동을 실행한다
- 종업원들이 사업의 우선순위에 관심을 집중시키도록 하여 결과가 실현되는 것을 돕는다
- 진부하거나 관련이 없는 평가척도를 정리한다
- 작업프로세스들과 사업결과에 관한 시야와 존재감을 향상시킨다
- 평가척도와 성과의 관련성을 이해하게 해준다
- 일상적 원인이나 특별한 원인에 기초한 성과변화를 예측할 수 있는 능력을 향상시킨다

퍼포먼스 스코어카드는 경영진이 퍼포먼스 스코어카드의 개발과 이용에 참여할 때 효과가 생긴다. 다음 사람들은 퍼포먼스 스코어카드 개발에 반드시 참여시켜야 한다.

● **최고층의 경영팀**

이들은 앞장서서 노력하고 지도, 방향, 그리고 자원을 제공해야 한다.

● **관리자들, 스탭 전문가들, 그리고 인사담당자**

이들은 퍼포먼스 스코어카드의 개발과 전개, 운영을 지원하기 때문이다

● **사업단위 내의 전문가들**

왜냐하면 그들이 실행과 전개를 지원하기 때문이다.

● **모든 조직원**

고객들에게 향상된 서비스와 좀 더 큰 가치를 전달하기 위해서 개선된 평가척도를 이용하기 때문이다.

The Performance
Problem

성과문제

　'정말 알 수가 없군' 빈스 샵*Vince Sharp*은 자기 책상 위에 최근의 영업보고서 더미를 내려놓더니 주먹으로 꽝 내리쳤다. 솔브넷*SolveNET*사의 고객서비스담당 부서장인 빈스는 지난 4개월 내내 서비스가 하락했을지도 모른다는 의심이 들어 화가 났다. 그렇지만 꼭 집어서 이야기할 수가 없었다. 왜냐하면 보고서들이 해독하기에는 너무 복잡했기 때문이다.

　그때 빈스의 새로운 보좌역인 리비 베이트*Libby Bates*가 최근의 고객 피드백 목록 더미를 건네주기 위하여 사무실에 들어왔다. 흐트러진 보고서들과 빈스의 표정을 보더니 리비는 발끝을 세우고 다가와서 조심스럽게 말했다. "안 좋은 일이라도 있으세요?"

　"항상 그렇지, 뭐." 빈스가 대답했다. "목표를 향해 탄력을 주고 싶은데 늘 그렇지 못해. 올바른 방향으로 진행되고 있다고 생각할 때마다 좋지 않은 결과가 나오고, 또 그게 이어지니 정말 답답한 노릇이군."

리비는 머뭇거리며 말했다. "고객 피드백 보고서를 가지고 왔는데, 이것도 기분을 좋게 하지 않을 것 같네요. 칭찬보다는 불평이 더 많아 보이거든요."

빈스는 한숨을 내쉬었다.

고객서비스 부서의 성과를 호전시키기 위해 솔브넷의 사장인 쟌 라슨*Jan Larson*에 의해 개인적으로 발탁된 그는 지난 3개월 동안 많은 좌절을 경험하고 있었고, 성과가 떨어지는 것에 대해서 매우 걱정하고 있었다.

솔브넷(가상 기업)

솔브넷은 여러 산업의 하드웨어와 소프트웨어 네트워크를 개발하고 설계하는 연간매출 20억 달러 규모의 정보기술회사의 성과기술그룹(Performance Technologies Group)중 한 사업부이다. 연간매출은 1억 달러 정도이며 워크스테이션과 네트워크서비스 지원, 소프트웨어 개발, 컨설팅, 문서작성시스템, 그리고 훈련을 포함한 정보서비스를 전문으로 한다.

빈스는 판매/마케팅 그룹의 최고 판매책임자였다. 쟌은 빈스가 고객서비스 부문에서도 마찬가지로 큰 성과를 달성할 것으로 기대했다. 그러나 그의 새로운 팀은 전혀 진전이 없었다. 그는 성과가 개선될 필요성이 있다는 것을 알았고, 바로 착수하지 않으면 안 된다고 판단했다.

빈스의 상사는 서비스, 비용, 고객만족, 그리고 시장 신장의 개선에 조급했다. 빈스는 관리자들에게 상황의 심각성을 전달하려고 노력하고, 끊임없이 회의를 소집하고, 수많은 보고서들을 검토했다. 그러나 그 어떤 것도 개선된 것처럼 보이지 않았다. 게다가 고객서비스 관리자들은 빈스가 그들의 상사가 된 것에 대해 분개하고 있다는 걸 느끼고 있었다.

빈스는 지친 표정으로 리비를 쳐다보았다. "다른 회사들은 어떻게 하고 있을까? 이렇게 힘이 드는데 어떻게 지속적 성장을 하고 있을까? 우리는 비용을 줄이기 위해서 규모를 축소하고 지출을 삭감하기까지 했는데 고작 남은 사원들의 작업량만 증가하고 잔업수당만 늘어났어. 이 보고서를 보면 많은 고객들이 만족하지 않으니 서비스 목표에 부합하지 않는 것을 알겠어. 그리고 항상 코스트 관련 보고는 한 달이나 늦게 받으니 실제로 이익을 내고 있는지조차 모른다구. 게다가 이번 주에는 두 명이나 사직했어. 그들은 자신들이 회사에 공헌하지 못한다고 생각하기 때문에 즐겁지 않다더군."

빈스 샵의 조직	솔브넷 고객서비스
사명	내/외부의 여러 고객들에게 최상의 정보기술 서비스를 지원
고객서비스의 부서업무	헬프 데스크 워크스테이션 서비스 네트워크 서비스 기술 통합

리비는 이해하는 듯이 웃었다. "그렇군요. 전부 다 말씀하셨나요?"

빈스도 애써 웃었다. "그렇소. 정말 큰 두통거리요. 나는 서류를 살펴보고 작성하고 처리하느라고 하루 종일 쫓기고 있소. 이 보고서들을 보게. 소화하기에는 양이 너무 많지만 모두 내 일이니 어떤 것도 포기할 수 없는 상황이지."

"이 보고서들을 본 사람이 또 있나요?" 리비가 물었다.

"아무도 안 봤소. 이 모든 영역의 책임은 나요. 이 보고서들은 다른 사람들이 봐도 이해하지 못할 것이오. 나도 이제야 어렴풋이 이해가 되고 있는걸."

"관리자들은 어떤가요? 그들은 이 사태를 어떻게 받아들이고 있습니까?"

"문제가 있을 때는 관리자들에게 보고서를 보여 주지. 우리는 오랜 시간 숫자들을 세세히 살펴보고, 그들 대부분 결과에 놀라워하지."

"그렇다면 퍼포먼스 스코어카드가 필요하겠네요."

"퍼포먼스 스코어카드?" 빈스가 되물었다. "리비, 이건 사업이야. 볼링대회가 아니라고."

"아, 그건 사업에 도움이 되는 훌륭한 것이에요." 리비가 설명했다. "이전의 회사에서는 퍼포먼스 스코어카드를 가지고 결과를 추적했어요. 이해하기 쉽고, 필요로 하는 정보를 얻을 수 있거든요. 목표에 대비해서 어느 정도 결과를 냈는지 빨리 알 수 있습니다. 누가 보더라도 어디에 문제가 있는지를 쉽게 알 수 있었어요. 그래서 문제를 오랫동안 방치하지 않았죠. 모든 부서는 퍼포먼스 스코어카드를 가지고 있었습니다."

"대체 그 퍼포먼스 스코어카드란 게 뭐지?" 빈스가 놀라 물었다.

"퍼포먼스 스코어카드는 알아야 할 필요가 있는 데이터를 종합한 그래프예요. 비용, 고객만족, 종업원만족, 서비스 횟수, 매출고 등, 항상 의식해야 할 내용들 말입니다. 모든 것이 한두 페이지 안에 요약된 것이지요. 다른 사항을 알고 싶다면, 또 다른 퍼포먼스 스코어카드를 만들면 됩니다." 리비가 설명했다.

빈스는 흥미가 일었다. "모든 사람이 동일한 퍼포먼스 스코어카드를 갖나?"

"아! 아니에요. 모든 관리자와 팀원은 각기 고유한 퍼포먼스 스코어카드를 갖게 되죠. 서로가 유사하기는 하지만 조금씩 다르답니다."

빈스는 이해가 되지 않아 난색을 표했다. "리비, 유사한데 어떻게 다르다는 거지?"

리비는 그의 새로운 부서장이 당황스러워하는 모습을 그냥 놔두고 싶지 않았다.

솔브넷의 조직

사명   컴퓨터 네트워크, 워크스테이션, 그리고 결합된 시스템을 위한 최고의 설치, 수리, 업그레이드 서비스를 통해서 고객만족을 제공한다.

부서   고객서비스
소프트웨어 개발
엔지니어링과 제품 디자인
훈련과 문서관리
컨설팅 서비스
판매와 마케팅
경영관리

“매우 간단해요. 경영진의 퍼포먼스 스코어카드부터 시작하죠. 그
즈음 제 상사는 일 년에 두 번씩 체크를 했습니다. 내용은 회사의 매출
고, 비용, 시장 점유율, 고객만족, 종업원만족 등등 해서 대략 10가지
지표가 있었어요. 그 지표들은 분류별로 정리되어 ‘고객만족’, ‘재무
건전성’, ‘시장성장률’, ‘종업원 성장’ 같이 각 사업부에서 주의해야
할 항목들로 묶여져 있습니다.

그분은 다른 부서장들과 같은 범주의 퍼포먼스 스코어카드를 가지
고 있었죠. 그러나 지표들은 다르지요. 자신의 퍼포먼스 스코어카드로
자기 부서의 결과를 추적하고, 그 결과는 최고 경영진의 퍼포먼스 스
코어카드와 관련되어 있답니다. 그의 퍼포먼스 스코어카드는 부서의
판매, 비용, 고객만족 평가 등을 나타냅니다. 저는 다른 경영진 보좌관
들과 전문 스탭한테 받은 자료를 토대로 퍼포먼스 스코어카드를 준비
할 책임이 있었지요. 또한 최고 경영진의 퍼포먼스 스코어카드를 위해
서 결과물의 일부를 넘겨줍니다. 다른 부서장들도 그렇게 했습니다.
각 부서의 것이 모아지면 그것이 경영진의 퍼포먼스 스코어카드가 되
거든요.”

빈스의 태도가 조금씩 평정을 되찾았다. “그럼 이렇게 이해하면 되
겠소? 만약 사장님이 기업 전체의 비용목표를 갖는다면, 나는 내 몫을
살펴보고, 판매 마케팅 소속의 진 엘리스*Gene Ellis*는 사장님의 목표와
연관된 자신의 고유한 비용목표를 갖게 되고, 우리는 각자의 스코어카
드로 자신의 비용을 측정하게 되는 건가?”

리비의 얼굴이 밝아졌다. “맞습니다! 그런 구조예요. 판매, 고객만
족, 종업원만족 등의 지표로 동일한 작업을 하는 것이지요! 그 밖의 다

른 것은 상관없습니다."

빈스는 아직도 의문이 남은 것 같았다. "좋은 이론이지만, 실제로 잘 될지는 의문이군. 우리는 많은 평가척도들이 있는데 그걸 모두 기입하는 건 불가능할 거야. 어디서부터 시작해야 하지?"

리비는 싱긋 웃었다. "물론 단순한 이론이 아닙니다. 정말 효과가 있고, 전에 근무하던 회사에서 실제로 사업을 경영하던 방법이에요. 관리자가 퍼포먼스 스코어카드를 갖고 있으면 무엇을 성취하려고 애쓰고 있고, 누가 그 결과에 대해서 책임이 있는가를 분명히 할 수 있죠. 처음엔 평가척도가 늘어나는 게 아닌가 해서 사람들이 별로 좋아하지 않았어요. 하지만 막상 시작을 하니 평가척도가 많지 않아도 되고, 사업결과가 향상되면서 결과적으로 퍼포먼스 스코어카드는 우리가 무엇을 살펴보고, 언제 행동해야 하는지를 알게 해주었으므로 규범이 되었어요. 더욱이 보고서를 검토하고 문제를 분석하는 쓸데없는 시간이 절약된다는 걸 알았어요. 어디에 문제가 있고, 일이 과연 개선되고 있는지 여부도 금방 알 수 있었기 때문이지요. 그다지 어렵지 않게 결과를 얻었고 무엇보다 일에 몰입할 수 있었거든요."

"멋지군! 점점 궁금해지네. 그런데 그것을 도입하려면 어떻게 해야 하지?" 빈스가 물었다.

리비는 잠시 생각했다. "진지하게 물어보시니까 필요한 걸 말씀드릴게요. 관련문서들과 퍼포먼스 스코어카드의 사례를 가져와서 어떤 식으로 했는지 보여드리겠습니다. 보시면 아마 너무 간단해서 놀라실 거예요. 하지만 완성하려면 상위계층 관리자들이 많은 노력과 몰입을 해 주셔야 해요. 실현될 때까지는 한동안 애를 써야 하니까요."

빈스는 웃었다. "지금 우리 것보다는 낫겠지. 그저 숫자만 나열되어 있을 뿐 큰 의미는 없는 것들뿐이니. 그전 회사에서는 어떤 식으로 했는지 관심이 많소. 문서를 찾는 데 시간이 얼마나 걸리겠나?"

리비는 잠시 생각했다. "집에 있으니까 내일 가져오겠습니다. 내일 오전 10시부터 11시까지 한 시간 정도만 비워두시면 검토해볼 수 있을 것 같은데요?"

빈스는 기분은 좋아졌다. "고맙네, 리비. 자넨 퍼포먼스 스코어카드를 알려주려고 하늘이 내게 주신 선물이네. 빨리 보고 싶어서 좀이 쑤실 지경이군."

　서비스업계에서 선두적인 명성을 얻고 있는 리츠 칼튼은 1992년 말콤 볼드리지 전미 품질상을 받았다. 이러한 획기적인 성과와 지속적인 성장은 측정평가를 스코어카드로 썼기 때문이다. 특히 다른 여러 성과 분류에서 얻어낸 일련의 평가척도를 활용하여 조직의 전반적인 건전상태를 분석했다. 그 평가척도들의 50%는 표준적인 마케팅과 재무 자료이고, 그리고 나머지 50%는 고객, 종업원, 그리고 고품격 운영과 관련된 평가척도들이다.

　그들은 퍼포먼스 스코어카드의 근본 원칙 중 핵심인 '소수핵심평가척도' 에 신경을 집중시켰다. 그들의 철학은 반드시 해야 하는 것만을 측정평가하고, 그것이 고객들에게는 중요하다는 게 조건이었다.

　스코어카드의 기초를 튼튼히 하기 위해 리츠 칼튼은 고객정보를 수집하는 게 달랐다. 고객의 중요한 요구사항이 무엇인지 정하는 것은 고객조사와 표적집단을 통해서였다. 리츠 칼튼은 고객들이 정말로 원하는 것을 항상 표현하지는 않는다는 것을 발견했다. 이를 보완하기 위해서 표적집단의 고객반응을 언어 분석했다. 단순한 질문만이 아니라 고객이 진정으로 무엇을 원하는지 해석하기 위해서 전문가들을 이용했다.

　고객의 요구사항들은 운영평가 척도의 기본이 되는데, 여기에는 객실 예방, 정비 주기, 대기 없는 숙박절차 비율, 업계 최고의 청결한 방을 꾸미는 데 걸리는 시간, 그리고 룸서비스 시간의 평가척도가 정해저 있다.

　호텔의 측정결과들은 매일 보고되어 매월, 분기당, 연간 추세를 검증한다. 리츠 칼튼은 문제를 즉시 해결해야 하는지 결정하기 위해 매일 고품질제공 보고서를 사용한다. 각각의 작업영역에서 제출된 자료는 품질을 충족시키고 고객만족을 목표로 추진하는 데 방해되는 문제들을 규명하는 초기 경고시스템으로 이용된다. 고객반응의 요약을 분기별로 파악하는 것과 함께 서비스를 지속적으로 개선하기 위해서 결합된 결과들을 미리 정해놓은 고객의 기대수준과 비교하게 된다.

　이러한 고객중심의 평가척도 목표는 고객들에게 '잊지 못할 숙박'이라는 인상을 심는 것이다. 독립 연구조사기관에 의한 조사결과에 따르면, 고객의 92~97%가 그러한 인상을 받고 가는 것으로 나타났다. 지난 10년간 121번의 우수품질상을 수상했고, 빅 호텔 순위를 평가하는 주요 3조직에 의해서도 최고 순위를 얻고 있으므로 리츠 칼튼의 예는 올바른 것들을 측정하는 영향력과 그 목적의 중요성을 잘 증명해 주고 있다.

《Measuring for Excellence》 by Laura Struebing. *Quality Progress*(December 1996). Milwaukee, WI: American Society for Quality. Copyright ©1996 American Society for Quality. Reprinted with Permission.

Baldrige National Quality Program(1999). *Malcolm Baldrige National Quality Award: Profiles of Winners*. Gaithersburg, MD: National Institute of Standard and Technology.

Setting the Stage
for Scorecards

스코어카드를 위한 단계 설정

이 장에서 리비는 빈스에게 스코어카드의 개념을 설명하고, 그녀의 이전 경영진들이 사용한 몇 가지 예를 제공해 준다. 그녀는 예전 회사가 퍼포먼스 스코어카드를 개발하는 단계에서 겪는 일들과, 퍼포먼스 스코어카드를 어떤 순서로 개발해야 하는지 설명한다. 그가 경영컨설턴트를 만나 스코어카드 작성에 대해 깊은 통찰력을 얻고 행동계획을 세우는 것으로 매듭짓는다.

다음 날, 리비는 10시 정각에 퍼포먼스 스코어카드와 관련된 문서를 가지고 빈스의 사무실로 들어갔다. 빈스는 전화를 끊으면서 리비에게 작은 탁자 쪽으로 오라고 눈짓했다. 빈스는 전화를 내려놓고 리비가 있는 탁자로 왔다.

"나는 당신의 힘을 빌려 성과와 관련된 문제들을 해결했으면 싶소." 빈스는 찌푸린 얼굴로 말했다. "방금 사장님이 전화로 판매와 비용을 물으셨는데, 빨리 대답을 해야 하오.”

리비가 대답했다. “지금 바로 해답을 드릴 순 없지만 도움이 될 만한 아이디어들이 있습니다. 제가 보관하고 있던 예전의 퍼포먼스 스코어카드 몇 가지와, 그것들을 만들기 위해 우리가 애써 작성한 문서들을 가져왔어요. 아마 마음에 드실 거예요.”

“기대되는군. 처음부터 시작하죠. 복습을 겸해서 내가 이해할 수 있도록 도와줘요. 퍼포먼스 스코어카드란 무엇이죠?” 빈스가 물었다.

“공식적인 정의는 기억나지 않아요. 그러나 제 나름대로 이야기하자면 사업을 정기적으로 평가하고 관리하기 위해 사용하는 간결한 평가척도들의 집합으로 정의하고 싶어요. 업적평가 척도들은 추세, 목표, 기준점 등을 갖는 가시적인 도표 형태로 나타나는 측정 정보를 포함하고 있습니다.”

전문가 조언

퍼포먼스 스코어카드는 책임영역에서 고유하면서도 균형 잡힌, 시기적절한 모습의 사업성과를 제공하게끔 선택된 평가척도들의 집합이다.

빈스는 끄덕였다. “좋아, 그건 알겠군. 그런데 각자가 고유한 퍼포먼스 스코어카드를 갖는다고 어제 당신이 말했는데 그건 어떻게 되는 거지? 모든 사람이 각각 다른 평가척도로 보고 있다면 어떻게 운영하지?”

“관리자들의 퍼포먼스 스코어카드는 각각 고유합니다. 그러나 모든 관리자들의 퍼포먼스 스코어카드에는 유사한 범주와 평가척도들이 있지요. 퍼포먼스 스코어카드가 서로 연결되어 있다는 걸 알게 되면 이해가 쉬워질 겁니다." 리비가 대답했다.

"연결된 퍼포먼스 스코어카드? 무슨 뜻이지?"

리비가 설명했다. "솔브넷에서는 어떻게 적용해야 할지 아직 확실하진 않아요. 그러나 전에 있던 회사에서는 모든 사람들이 고객과 연결된 서비스 사슬에서 어떤 역할을 담당했기에 우리는 그것을 '가치사슬' 이라고 불렀지요."

"그렇군." 빈스는 끄덕였다. "한 달 전에 작업프로세스들을 살펴보았고, 우리 부서를 통해서 서비스 주문의 가치사슬도 추적해 보았소. 우리는 많은 부서들이 어떤 식으로 고객의 요구에서 서비스 인도까지 서비스 주문을 다루는지 알았소. 그러나 그것이 퍼포먼스 스코어카드와 어떠한 관련이 있단 말이오?"

"고유하면서도 서로 연관된 퍼포먼스 스코어카드의 특징들이 거기에 내포되어 있습니다." 리비는 설명했다. "모든 관리자들이 전체 프로세스의 한 부분을 소유하기 때문에 그 사람의 퍼포먼스 스코어카드는 그들 자신이 맡은 부분들을 반영합니다. 프로세스의 일부가 서비스 주문을 완성하기 위해서 서로 연결된 것처럼, 퍼포먼스 스코어카드들은 전 프로세스를 반영하기 위해서 서로 연결되어 있는 것이랍니다."

"알겠네, 리비. 내가 제대로 이해했는지 예를 들어 설명해 보겠소." 빈스가 말했다.

"네, 그렇게 하시죠." 리비는 그에게 용기를 주었다.

"나는 솔브넷의 고객서비스 부서장으로서 고객만족을 추적하오. 고객만족은 판매 및 마케팅 소속인 진 엘리스의 구성원들에 의해 좌우되므로, 그들이 주문을 정확히 입력해야 하겠지. 판매부서가 잘못된 주소를 기록한다면 우리 서비스 전문가들이 고객을 못 찾게 되고, 결국 고객을 만족시킬 수 없어지지. 이상적인 것은 내 스코어카드상의 피드백 목록에서 알 수 있도록 고객만족의 평가척도를 넣는 것이오. 그건 내 부하들인 서비스 전문가들이 얼마나 고객만족을 시키는가 나타내겠지. 판매/마케팅을 담당하는 진 엘리스는 주문발주 프로세스에서 고객만족을 측정하게 되므로 우리는 함께 전반적인 고객만족 평가가 가능하게 될 것이고. 어떻소?"

"그렇습니다." 리비는 고개를 끄덕였다. "두 부서가 모두 솔브넷의 쟌 라슨 사장님께 보고하기 때문에 사장님은 발주와 서비스, 물류에 기초를 둔 전반적인 고객만족 평가척도를 갖게 되겠죠. 따라서 스코어카드는 고유하지만 서로 연관되어 있다는 이야기입니다."

"환상적이군!" 빈스는 감탄했다. "그런 식으로 사장님은 고객만족에 대해 광범위한 시야를 갖게 되고, 진과 나는 자신들이 담당한 부분을 알게 되어 만약 전체적으로 만족수준이 떨어진다면 문제가 어디에 있는지를 우리도 쉽게 알게 될 것이므로 프로세스 전반에서 수평적 연결관계가 이루어지겠군. 그런데 수직적 연결도 있소?"

"물론이죠." 리비는 말했다. "수직적 연결은 퍼포먼스 스코어카드를 사업의 비전, 사명, 전략적 목표와 연결시킵니다. 그렇게 되면 모든 사람들은 측정해야 할 중요한 범주와 항목을 알게 되겠죠. 수직적 연결은 쟌 라슨 사장님에서 시작되어 솔브넷의 일선 서비스팀까지 연결됩니다."

"정말 대단하네!" 빈스는 감탄했다. "그런데 쟌 사장님과 서비스 전문가들은 동일한 평가척도를 갖나?”

“아닙니다.” 리비가 대답했다. “그들의 평가척도는 서로 관련은 있으나 차이가 있습니다. 예를 들면 쟌 사장님은 고객에 대한 전체적 서비스에 관심이 있으시죠. 그러나 모든 측면의 세세한 서비스 상황을 살펴볼 수는 없습니다. 그래서 서비스 전문가들은 반응시간이라든지 최초의 문제처리와 같은, 그들이 하는 작업에서 구체적인 평가척도를 갖게 됩니다. 쟌 사장님은 서비스 전문가들로부터의 평가척도, 즉 서비스 주문, 소프트웨어 개발, 엔지니어링, 헬프 데스크, 그리고 다른 영역들로부터의 평가척도를 포함한 서비스 질에 대해 요약된 평가척도를 갖게 될 것입니다.”

“음, 어쩐지 정리해야 할 것이 많은 것처럼 들리는데 좀 더 단순하게 만들고 싶군.”

“그런 것들이 모두 모아지면 관리하기 쉬운 방법이 됩니다. 그러나 모으는 데 시간이 걸립니다. 마치 지그재그 퍼즐과 같은 종류죠. 처음엔 부분들이 서로 부적합하게 보이지만 틀을 만들고, 그 부분들을 채워 넣으면 전체적으로 다른 모양이 나타나게 되는 것처럼요.”

“스코어카드는 어떻게 모아지는지 예를 보여줄 수 있소?” 빈스가 물었다.

“네, 이전 회사의 실례가 있습니다. 보십시오.”

빈스는 리비가 제시해준 예를 살펴보았다(표 2 · 1 참고).

“아주 좋아.” 빈스가 말했다. “정보가 많이 있군. 어떻게 배웠소?”

“저희는 경영 컨설턴트인 밥 켈리*Bob Kelly*의 도움을 얻었습니다. 그는 매우 우수하고 잘 도와주었습니다. 연락을 해 볼까요?”

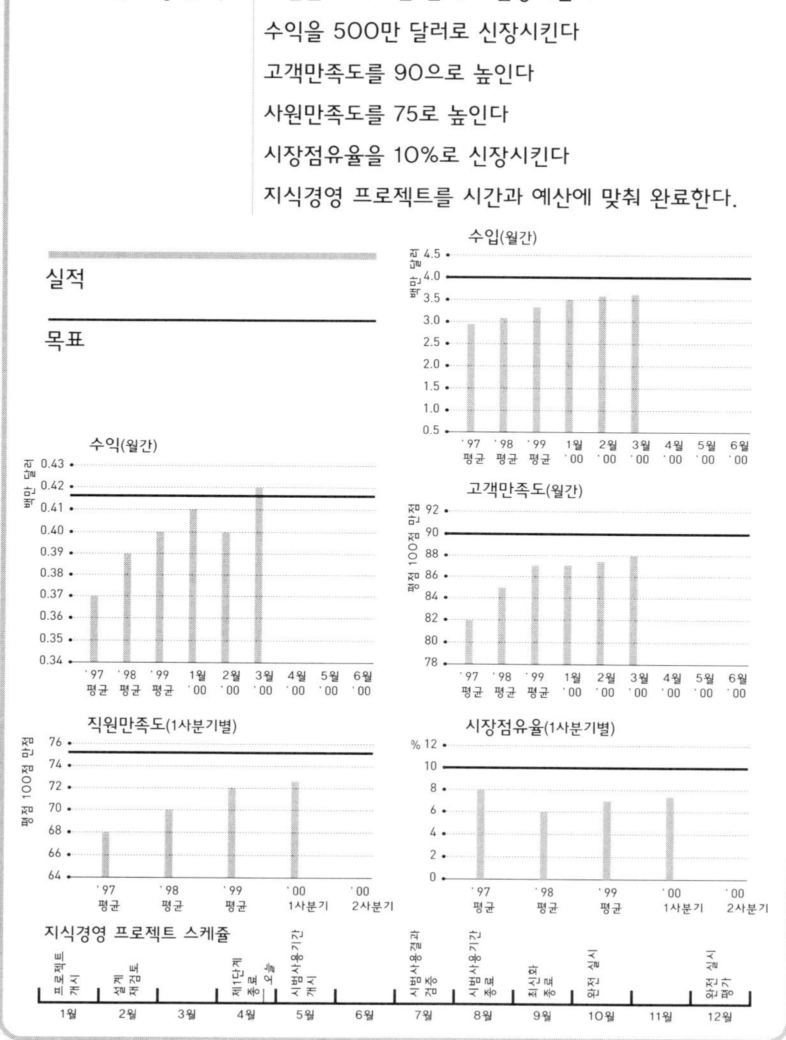

표 2·1	글로벌 서비스 임원팀용 퍼포먼스 스코어카드

"그렇게 합시다." 빈스는 흔쾌히 대답했다. "어떤 식으로 작용하는 지 그와 얘기하고 싶군. 약속을 정해주시게."

리비는 고개를 끄덕였다. "알겠습니다. 스케줄을 확인해서 미팅날 짜를 정하겠습니다."

"밥과 만날 일을 생각하니 벌써부터 즐겁군. 빨리 대책을 강구할 필요가 있다오. 왜냐하면 쟌 사장님은 성과를 호전시킬 것을 크게 기대하고 있거든. 리비, 좋은 것을 가르쳐 줘서 고맙소. 그와 원활한 미팅을 하기 위해 내가 더 알아야 할 게 있는 것 같은데, 문서의 나머지 부분도 마저 보여주겠소?" 빈스는 말했다. 그리고 남은 시간 동안 퍼포먼스 스코어카드에 대해서 계속 이야기를 나눴다.

그날 늦게 리비는 밥 켈리에게 연락했고, 그는 빈스와 만나는 것을 기뻐했다.

이틀 후, 밥과 리비는 오후 3시 빈스의 사무실로 들어왔다. 소개를 마친 후, 빈스는 바로 퍼포먼스 스코어카드에 대한 질문에 들어갔다.

"리비가 지금까지 많은 설명을 해주었습니다. 그러나 연결을 시키면서 측정평가를 한다는 것이 아주 어렵게 생각됩니다만?" 빈스가 물었다.

"많은 노력을 필요로 하지만 그럴 만한 가치는 있습니다." 밥이 대답했다. "제가 지원한 모든 경영 관리자들은 결과에 크게 만족하고 있습니다. 스코어카드 덕분에 성과를 살펴보면서 보다 쉽게 이해하고 관리할 수 있기 때문입니다. 스코어카드가 있으면 각 팀들은 효율적으로 이를 운영하여 고객에게 효과적으로 가치를 전달할 수 있습니다. 각 팀의 노력에 적합하고 더욱 바람직한 평가척도가 되면, 중복되는 점과 문제점들이 사라지므로 높은 생산성과 비용절감 효과가 나타납니다."

"믿기 힘들 정도로 듣기 좋은 소리군요." 빈스가 웃으면서 말했다.

"저희도 처음에는 그렇게 생각했습니다." 밥도 웃었다. "그러나 몇몇 조사결과를 통해 우리는 좋은 측정척도가 회사를 효과적으로 관리할 수 있는 핵심인 것을 확신하게 되었답니다."

"어떤 조사였습니까?" 빈스가 물었다.

밥은 서류 가방에서 노트를 꺼냈다. "미국 생산성품질센터, 미국 품질협회, 하버드 비즈니스 리뷰, 미국 경영자협회 등의 조사내용 요약과 말콤 볼드리지 전미 품질 수상자 목록입니다. 모두 더욱 좋은 평가척도를 갖춤으로써 사업결과가 향상된 것을 보여 주고 있지요."

빈스는 잠시 동안 훑어보았고, 그리고 감동했다. "스코어카드와 평가척도들이 이토록 큰 차이를 만드는군요. 설마 이렇게까지 결과가 대단한 줄은 상상하지 못했소."

"이처럼 결과를 검증하는 많은 조사연구와 성공사례들이 있습니다." 밥이 말했다. "물론 스코어카드는 귀사의 사업에 적절해야 하지 다른 사람의 퍼포먼스 스코어카드를 모방하거나 평가척도를 대충 추적하는 정도로만 좋은 결과를 기대해서는 안 됩니다."

빈스, 밥, 리비는 저녁까지 대화를 계속했다. 빈스는 진행방법에 대한 질문이 많았고, 밥과 리비는 그들 자신의 지식과 경험을 공유하는 것을 즐거워했다. 밥은 스코어카드의 표본을 보여주었고, 스코어카드를 개발하기 위한 6단계 프로세스를 빈스에게 설명했다. 또한 개발과

정에 있어서 구성원 개개인들의 다양한 역할을 설명했다.

빈스는 밥의 전문성이 절실히 필요하다고 느껴 이 프로젝트의 컨설팅을 의뢰했다. 빈스는 빨리 시작하고 싶었으나 결과를 도출하는 데 걸리는 시간과 필요사항이 신경 쓰였다.

"이것이 대단하다는 것은 알았어요. 그런데 밥, 중요한 것은 어디서부터 시작하면 될까요?" 빈스가 물었다.

"처음부터, 즉 1단계부터 시작해야죠." 밥이 대답했다. "입력 정보를 수집하고, 스코어카드 개발을 위한 회의를 계획할 필요가 있습니다. 당신의 퍼포먼스 스코어카드는 회사의 전략과 사업목적에 맞춰 전부 종합할 필요가 있으니까요."

"제가 종합하는 데 도움이 될 요약 리스트 같은 건 없을까요?"

"수집해야 할 리스트와 회의 준비방법 등을 전자메일로 보내드리겠습니다. 괜찮겠습니까?" 밥이 말했다.

"네, 알겠습니다." 빈스는 밥과 리비에게 감사의 말을 전하며 회의를 끝냈다.

밥이 떠나자 빈스는 자료를 분류하면서 그의 부서에서 추구해야 할 필요성을 새삼 통감했다.

요약

퍼포먼스 스코어카드는 관리자와 각 팀이 성공하기 위해서 소수핵심 평가치에 관심을 집중시키도록 하는 평가척도를 제공한다. 퍼포먼스 스코어카드를 연결함으로써 결과를 분명하게 하고, 작업프로세스를 처음부터 끝까지 철저히 볼 수 있는 투명성을 확보하여 불필요한 정보를 살피는 데 걸리는 시간과 비용을 제거하여 경쟁적 우위를 얻을 수 있도록 한다.

퍼포먼스 스코어카드를 개발하여 성과관리하기 위해서는 6단계가 있다. **수집, 작성, 심화, 세분화, 연결, 확인.** 이 단계들을 적용시킴으로써 팀에 적절하고 구체적이며, 조직에 수직·수평적으로 연결된 퍼포먼스 스코어카드를 만들 수 있다. 관리자들이나 팀은 주요 평가척도들을 기초로 피드백을 제공하여 사업목표를 향한 노력을 일치시키면서 조직의 전반적인 구조를 강화할 수 있는 것이다.

웨인라이트 인더스트리즈*Wainwright Industries*

웨인라이트 인더스트리즈는 상을 받는 것이 낯설지 않다. 미주리 주 피터즈 거리에 위치한 이 회사는 1994년 말콤 볼드리지 전미 품질상을 수상하고 1999년에는 미주리의 '올해의 산업상'을 수상했다. 이 회사가 전미의 상을 수상할 정도로 성장한 것은 엄격한 측정평가와 주요 부서를 일치시키는 프로세스가 있었기 때문이다.

웨인라이트 인더스트리즈의 사업 내용은 자동차와 항공우주산업의 고정밀 금형과 부품을 제조하는 것이고, 비전은 '고객의 미래에 대한 지속적인 책임'이라고 언급하고 있다.

그들은 비전을 현실화하기 위해서 '사명통제실'이라는, 운영업무 성과를 측정평가하는 심장부서를 만들었다. CEO인 돈 웨인라이트 *Don Wainwright*는 '누구든지 와서 회사의 심장소리를 느끼게 하고 있다'고 설명했다.

회사의 전체적인 성과를 측정평가하기 위해 '사명통제실'에는 5가지 주요 지표가 게시되어 있다.

1. 안전

사원들에 대한 진정한 염려가 있다. 사원들이 안전에 관심을 집중하고 있을 때 비로소 개선하고자 하는 열의나 다른 개선의 기회를 찾고 발견하려는 자세가 자연스럽게 생긴다. 숫자가 그것을 증명한다. 웨인라이트 인더스트리즈는 자유상호보험회사와 미주리 주의 배상담당

부서로부터 안전상을 받을 만큼 노동자 배상에 대한 요구가 9배나 감소했다고 말했다.

2. 내부고객 만족지수(ICSI)

외부고객과 마찬가지로 내부고객과의 관계에도 사원의 관심을 집중시킨다. 그리고 상사들과 지원부서와의 관계 만족도를 측정한다. 예를 들면 관리자들의 성과는 종업원들에 의해서 평가된다.

3. 외부고객 만족지수(ECSI)

모든 고객들에 대한 월간 리포트 목록은 매달 하나의 수치로 종합한다. 이것이 전체적인 고객만족도를 나타낸다.

4. 식스-시그마 품질

불량률은 백만 단위(PPM)마다 측정된다. 장기목표는 식스 시스마(3.4 PPM)를 달성하는 것이다. 이미 몇몇 고객들과 관련된 목표는 초과한 상태이다. 한 고객은 3년간 2천만 개의 무결함 부품을 수령했다.

5. 사업성과

이는 재무성과의 주요 평가척도이다. 웨인라이트 인더스트리즈는 이상의 4지표가 목표 달성되면 재무결과도 달성된다는 것이 핵심적 신념이다. 성과의 경향도 이 신념이 지탱해 왔다. 총이익은 3년 내에 35% 개선되었다. 현저히 나타난 다른 개선 사항들은 부채감소, 시장점유율, 판매고, 총소득 등이 있다.

당사는 고객들로부터 매달 리포트 카드를 받는다. 평가는 숫자로 변환한다.

A=100, B=90, C=50, 그리고 D=0.

B이하 등급은 24시간 내에 행동수정 계획을 필요로 한다. 경영관리자층, 고객담당 직원, 고객 대표가 문제를 분석하여, 수정계획을 세우고, 명확한 문제해결로 종결시킨다.

사명통제실 벽면에는 빨강이나 초록색 삼각기, 현상보고서 등의 도표들이 붙어있다. 초록 삼각기는 웨인라이트의 목표가 달성되었다는 것을 의미하고, 빨간 삼각기는 잠재적 가능성 혹은 실제 문제를 나타낸다. 당연하지만 대부분의 삼각기는 초록이다. 돈 웨인라이트는 짧은 기간의 결과들은 추세만큼 중요하지 않다고 설명한다.

'우리는 결과를 원한다. 그러나 우리는 중기적인 관점을 강조한다. 기업문화가 변화하는 데는 시간이 필요로 한다. 그래서 추세선이 옳은 방향으로 기울어져 있다면 어떤 결과가 따라올 것인지 저절로 알게 된다. 그것이 지속적인 개선의 본질이다.'

《Leading the Duck at Mission Control》 by Les Landes. *Quality Progress*(July 1995). Milwaukee, WI: American Society for Quality. Copyright ©1996 American Society for Quality. Reprinted with Permission.

Baldrige National Quality Program(1999). *Malcolm Baldrige National Quality Award: Profiles of Winners*. Gaithersburg, MD: National Institute of Standard and Technology.

Collect Scorecard
Inputs

스코어카드의 입력정보 수집

이 장에서는 리비와 밥이, 빈스가 퍼포먼스 스코어카드를 개발하는 첫 단계를 도와준다.

그들은 빈스가 그의 첫 퍼포먼스 스코어카드를 만들기 위한 자료를 수집하고, 스탭 미팅을 준비하도록 돕는다. 그들은 빈스가 부딪히는 이슈들에 대해서 조언을 주고, 자주 접할 수 있는 장애물에 걸리더라도 포기하지 않고 계속 추진하도록 격려한다. 이 장은 빈스가 첫 번째 스코어카드를 만들기 위해 앞으로 다가올 스탭회의를 준비하는 것으로 끝난다.

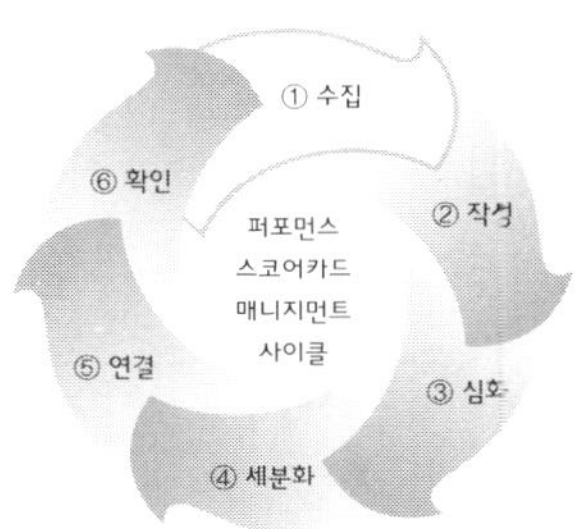

　다음 날 빈스는 밥에게서 온 전자메일을 확인하자 금세 흥분하였으나 수집할 리스트를 죽 읽어보더니 조금씩 풀이 죽었다.

1. 고객의 주요 요구사항
2. 회사의 비전, 사명, 전략적 목표, 가치
3. 상사의 목표, 평가척도, 수치목표
4. 소속부서의 목표, 평가척도, 수치목표
5. 고차원의 핵심프로세스 흐름표
6. 핵심사업의 프로세스에 대한 기존의 측정평가 자료

수집	
단계	1. 최고 경영층의 목적, 평가척도, 수치목표를 입수하라 (상사의 퍼포먼스 스코어카드) 2. 고객과 고객의 주요 요구사항을 특정화하라 3. 핵심프로세스 사슬을 정의하라 4. 고차원의 프로세스 사슬을 상세히 기록하라 5. 기존의 평가척도 자료를 모아라 6. 스코어카드 작성을 위해 회합과 의제를 계획하라

　즉시 빈스는 밥에게 전화를 했다. "안녕하세요, 밥. 메일 감사합니다. 그런데 준비항목이 너무 많아서 좀 놀랐습니다. 정말 이 모두가 필요한 겁니까? 전 단지 평가척도 리스트 정도라고만 생각했는데요!"
　밥이 웃으며 대답했다. "예, 좀 많습니다. 그러나 당신이 나중에 시간과 돈을 절약하고 싶다면, 우선 이것들을 모두 모으는 것이 최선입니다. 올바른 평가척도를 추적하고 있는지 확인하고 싶지 않은가요? 유일한 방법은 전략, 프로세스 흐름, 그리고 고객의 요구사항부터 확인하자는 것이지요."

"왜 그런 게 모두 중요합니까? 목록 중 하나라도 빠지면 안 되는 건가요?"

"모든 것을 갖추지 않고 퍼포먼스 스코어카드를 만드는 것도 가능하지만, 한 항목이 빠지면 퍼포먼스 스코어카드를 정의하고 조건에 따라 세분화하는 것이 더욱 어려워집니다. 항목들은 모두 서로 연결되어 있기 때문에 하나하나가 다 중요하답니다. 지금 서비스를 제공하는 고객들의 요구사항과, 확대시키고 싶은 잠재적 시장고객들의 요구사항부터 시작해야 합니다. 당신의 전략은 고객의 요구사항 및 기대와 연결되어야 합니다. 예를 들어, 당신은 컴퓨터 서비스를 제공하기 때문에 아마도 신속하게 요구에 대응하는 전략이 필요하겠지요?"

빈스는 동의했다. "물론 우리는 전문적이그 비용에 비해 질 높은 일을 하고 있다는 평판을 받고 싶습니다. 우리들 자신을 차별화시키고 싶습니다. 여기까지는 당신과 생각이 같습니다."

밥이 다시 물었다. "당신의 사업전략을 보면 무엇을 평가해야 하는지가 명확해집니다. 그러므로 신속한 대응이 가능해지고 비용효과에 비해 질 높은 일을 하는 전문가가 되고 싶다면 그러한 특성들을 측정 평가해야 하겠지요. 그 방법 외에는 과연 잘되고 있는지 정말 좋아지고 있는지 어떻게 알 수 있겠습니까?"

빈스가 다시 공감했다. "예, 잘 알겠습니다. 이해가 됩니다. 그런데 핵심프로세스와 흐름에 관한 것은 어떻습니까?"

"당신의 핵심프로세스들은 고객에게 일류 서비스를 제공하는 것이 주된 작업 흐름입니다. 고객의 전화를 받거나 클레임에 응대하고, 새로운 컴퓨터 워크스테이션을 설치하는 프로세스 같은 것은 있겠지요?"

"물론 있습니다. 그 외에도 시스템관리 서비스제공, 소프트웨어 배포, 네트워크 문제점들의 원인해결을 위한 프로세스들도 있습니다. 그 모든 것들은 흐름도에 나타나 있습니다."

"그렇다면, 현재 그 영역들은 제대로 평가하고 있습니까?"

"아니오, 필요성은 느끼고 있지만 잘 안 되고 있습니다."

"그렇기 때문에 '수집단계'에서 정보를 필요로 하는 겁니다. 당신에게 필요한 것은 모든 평가척도를 선별하여 '소수핵심' 평가척도를 특정화하는 겁니다. 전략과 프로세스 흐름, 그리고 기존의 측정평가 자료가 필요합니다."

마침내 빈스도 고개를 끄덕였다. "네에, 비로소 이 모두가 필요하다는 말씀이 이해가 됩니다. 그럼, 모든 정보를 수집하면 그 다음은 무엇을 해야 됩니까?"

"그때부터가 재미있는 부분입니다." 밥이 대답했다. "당신은 관리자들의 회합을 소집하고 정보를 검토하면서 당신의 퍼포먼스 스코어카드를 만듭니다. 그런 다음에는 그들도 그들 자신의 퍼포먼스 스코어카드를 만들게 될 것입니다."

"어…어떻게요? 한 집단만 보더라도 실로 방대한 정보가 있는데…?" 빈스는 고개를 갸우뚱했다.

밥은 여전히 믿음직한 목소리로 이렇게 대답했다. "그렇습니다. 그러나 그것은 당신의 퍼포먼스 스코어카드를 만드는 데 필수적인 부분이지요. 우선 당신이 그 모든 것을 수집한 후에, 다시 한번 만날까요? 제가 그걸 살펴본 후에 더 찾아볼 것이 있는지, 무엇을 할 것인지에 대해 요점을 지적해 드리겠습니다. 그리고 괜찮으시다면 회합 진행도 도와드릴 수 있습니다."

"예, 도와주세요." 빈스가 반갑게 대답했다. "그게 시간도 절약되고 올바른 경로로 빨리 갈 수 있겠지요. 가능하면 수요일 정규 스탭미팅 이전에 준비를 마치고 싶군요."

"예, 그럼 내일 오후가 좋겠군요. 약 3시간이면 당신의 정보를 살펴

보고 스코어카드를 만들기 위해 과제를 준비할 수 있을 겁니다.”

빈스는 전화를 끝내자, 자신의 사업전략, 목표, 고객의 요구사항들, 프로세스 흐름, 평가척도들을 어떻게 함께 연결시킬 건지 생각해 보았다. 답을 도출하지는 못했지만, 밥이 옳다는 것은 확신했다. 평가척도들이 의미를 갖게 하려면 그것들은 균형이 잡혀있어야 하니까. 그는 직관적으로 현재의 평가척도들은 전략과 연결되지 않아서 도움이 안 된다고 느꼈다.

솔브넷의 쟌 라슨 사장은 빈스를 고객서비스 부문의 부서장으로 임명했을 때, 회사의 비전이며 사명, 전략적 목표들을 제시했다. 이때까지 빈스는 그 이야기를 자신의 일상업무와는 밀접한 관련이 없는 탁상공론으로만 여겼다. 그랬던 것을 석 달 만에 처음으로 진지하게 검토하기 시작했다.

빈스는 한동안 생각에 잠겼다. 모두 중요하다고 생각했지만, 늘상 일어나는 잡다한 문제들과 세세한 사항들을 강화시키기는 어렵게 느껴졌다. 계속 서류를 검토하면서 그는 솔브넷의 금년 사업목적들을 응시했다.

빈스는 전략목표와 사업목적 사이에 불일치가 있음을 비로소 인지했다. 특히 종업원의 기술이나 능력과 관련된 전략적 목표와 가치관이 현 사업목적 중 어떤 것과도 연관되지 않음을 알았다. 또한 어떤 수치목표도 최종목표가 부여되지 않았고, 평가척도들도 애매하다는 걸 깨달았다.

솔브넷의 비전	우리가 제공하는 모든 서비스 영역에서 고객이 가장 먼저 선택하는 정보 서비스가 되자.
솔브넷의 사명	우리는 컴퓨터 네트워크, 워크스테이션, 관련 시스템에 대해서 으뜸가는 설비, 수리, 그리고 업그레이드 서비스를 통해 총체적인 고객만족을 제공한다.
솔브넷의 전략적 목표들	• 각각의 거래에 있어서 고객의 충성도를 형성하라 • 수익성을 신장하라 • 유익하고 효율적인 작업시스템을 개발하라 • 종업원의 지식, 기술, 그리고 능력을 겸비하고 비교우위를 갖춰라
솔브넷의 가치관	• 가격과 가치에 배려 • 수익성 • 과제임무에 책임을 다하는 데 따른 자부심 • 우리 업계에서의 리더십 • 우리의 일을 즐김 • 장기성장 유지

솔브넷의 금년 사업목적 '올해 말까지'	• 수입증대 • 이익증가 • 고객만족 향상 • 시장확장 • 서비스 성과개선

빈스는 그의 파일을 꼼꼼히 검토해서 6개월 전에 완성한 고객의 피드백 분석 결과를 찾아냈다.

그 조사내용은 아래와 같은 3가지 질문에 대한 의견을 종합한 것이었다.

- 고객은 솔브넷에게 무엇을 기대하는가?
- 고객은 솔브넷이 제공하는 서비스에 만족하는가?
- 현 서비스 수준과 기대사항 사이에는 어떤 중대한 차이가 있나?

빈스는 뚜렷이 기억하고 있었다. 왜냐하면 그가 판매팀에 있을 때 그 조사결과로 비난을 받았기 때문이다. 고객들의 기대는 분명했다.

- 고장 없는 시스템이나 워크스테이션
- 장애발생 시 즉각적인 대응
- 지식이 풍부하고 예의 바르며 유능한 서비스 전문가들
- 기업의 요구사항을 충족시키는 시스템들
- 경쟁력 있는 비용과 서비스 가치

2단계   고객과 고객의 주요 요구사항을 특정화하라

빈스는 이러한 요구사항들에 대해 전임 그객서비스 부서장과 논쟁한 적이 있었다. 전임 부서장은 고객들의 요구가 비현실적이라고 말했다. 시스템이란 늘 어떤 시점이 되면 고장나기 쉬운 경향이 있는데 어떻게 장애가 없기를 기대하는가? 고객이 서비스센터에서 여러 마일 떨어져 있을 때 어떻게 서비스팀이 즉각 반응을 할 수 있겠는가?

전임 부서장은 자기 팀원이 지식도 풍부하고, 정중하며, 능력 있는 최고의 팀이라고 생각했다. 그러나 어떻게 최고 수준의 인재들을 확보하면서 가격을 낮추어 균형을 유지할 수 있을 것인가? 고객들은 유능한 인재들이 무료로 일한다고 착각하는 건 아닌가?

빈스는 갑자기 껄껄 웃었다. 현재로서는 그런 '불가능한' 요구사항들을 완수해야하는 책임이 다름 아닌 자기였기 때문이다. 밥이 보내준 리스트를 계속 보다가 빈스는 문득 '핵심프로세스 사슬 고차원 흐름(Core Process Chain High-Level Flow)' 이란 표현에 시선이 멈췄다. 그가 고객서비스 부서로 오기 몇 달 전에 전임자가 작업프로세스 조사를 마무리 지었고, 그 팀이 결과물을 얻기 위해서 노력했다는 것이 생각났다. 그들은 두세 가지 문제를 특정화하고 검토해보았지만 솔브넷의 모든 사람들이 기대하는 결과를 도출하지는 못했다.

빈스는 서류철 서랍에서 그 조사내용을 찾아서 팀의 작업프로세스를 확인할 수 있는 부분을 읽어보았다.

- ● 서비스의뢰 전화 관리하기
- ● 워크스테이션 수리하기
- ● 네트워크 트러블 수리하기
- ● 네트워크 성능 유지하기
- ● 재고부품 유지하기
- ● 시스템관리 제공하기
- ● 워크스테이션 설치하기

수집

3단계   핵심프로세스 사슬을 정의하라

그 조사결과는 다양한 프로세스 흐름에 대한 끝없는 세부사항을 제공했다. 빈스는 프로세스 흐름에 들어가는 많은 일들에 대해 팀이 겪은 좌절과 프로세스정보 취급을 통해서 과연 무엇을 할 것인지 대단히 혼란스러워하던 모습을 떠올렸다. 그는 다음에 밥을 만나면 이 정보들이 어떻게 퍼포먼스 스코어카드와 관련이 있을지 도움을 기대했다.

마지막으로 빈스는 밥이 제시한 정보 더미에 그의 경영 보고서 더미를 더했다. 시스템 고장, 문제발생 전화, 비용, 종업원의 병가, 판매고, 그리고 자신이 규칙적으로 보던 세부사항들에 대해서 밥이 어떻게 반응할지 생각하니 저도 모르게 웃음이 터져 나왔다. 그는 내일까지 밥을 기다리기가 힘들 지경이었다.

그날 남은 시간 동안 빈스는 밥이 이 모든 정보를 어떤 식으로 분류할 것인지 궁금했다. 팀원 전원이 보고서 더미를 검토한다는 것은 상상할 수 없었다. 너무 방대한 양이었기 때문이다.

다음 날 오후, 리비가 밥을 빈스의 사무실로 안내했다. 빈스는 따뜻하게 그를 맞은 후, 탁자 위에 있는 정보 더미를 가리켰다.

"자, 어디서부터 시작할까요?" 빈스가 물었다.

"우선은 저 산더미 속 어디에 회사의 비전, 사명, 사업목적 등이 있습니까?"

빈스는 밥이 한 시간 넘게 정보를 분류하는 것을 도왔다.

밥은 고객의 요구사항들과 프로세스 흐름에 관한 조사에 대해서 질문했으나, 그가 발견한 것에 대해서는 조금도 관심이 없는 듯했다. 밥이 점점 편안한 모습을 보이자 빈스는 불안감이 더해 갔다.

"좋습니다. 이것이 전부겠죠?" 마침내 밥이 입을 열었다.

빈스는 희미하게 웃으며 대답했다. "저도 그러길 바랍니다. 도무지 사용할 엄두가 안 날 정도로 엄청난 정보군요."

밥도 따라 웃었다. "바로 정확히 문제의 일부분이지요. 필요 이상으로 측정평가 정보를 갖고 있지만 실상 모두 틀에 들어갑니다. 보여 드리지요."

밥이 표 3·1 에 보이는 그림을 그리며 설명했다. "커다란 피라미드 속에 모든 것이 들어간다고 생각해 보세요. 고객이 가장 상층부에 있

습니다. 그들이 없다면 사업은 성립될 수 없으니까 고객의 요구사항
과 기대를 충분히 알아야 합니다. 따라서 귀사의 전략과 목표를 고객
의 욕구에 합치시킬 필요가 있습니다. 귀사가 고객지향적 비전과 사
명을 갖고 있는 것은 알고 있습니다. 거기까지는 좋습니다. 그 밑에 있
는 것이 핵심프로세스입니다. 책임범위 내에 있는 핵심프로세스들이
무엇인지 알고 계시겠지만 귀사는 다른 업무프로세스도 갖고 있겠지
요? 고객에게 청구서를 발송한다든지 소매업체에게 지불하거나 예산
입안 같은 재무적인 프로세스 말이지요. 게다가 사업계획 입안이며
시설관리 등의 프로세스도 있을 것입니다."

　빈스는 정색을 하며 말했다. "그것들을 프로세스라고 부른다면, 때
때로 나는 여기서 벌어지는 일들이 어떻게 작용하는지 의아심이 드는

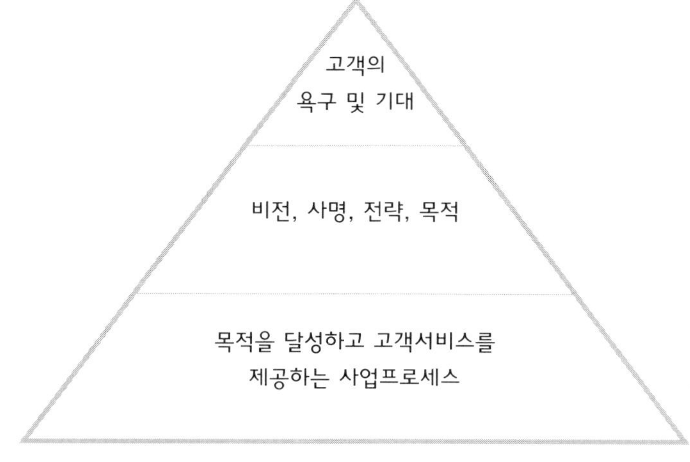

표 3·1	고객의 욕구 및 기대, 기업의 비전, 그리고 사업 프로세스들과 일치하는 스코어카드의 평가척도

데요?"

밥이 웃었다. "그것은 스코어카드로 관리하지 않는 기업에서 나타나는 전형적인 모습입니다. 하지만 앞으로 그런 프로세스의 평가척도를 갖게 될 것입니다."

"그러나 지금도 그런 것들은 모두 갖고 있습니다. 스코어카드를 사용한다고 어떻게 도움이 된다는 겁니까?"

"빈스, 현재의 평가척도는 몇 개죠?"

빈스는 잠시 생각했다. "세어보지는 않았지만 수백 개는 되는 것 같습니다."

"그럼 제가 당신에게 평가척도를 20개 이내로 줄이라면 어떻게 하시겠습니까?"

"20개라고요!" 빈스는 비명을 질렀다. "말도 안 돼요! 어떤 것도 누락시킬 수 없습니다. 만약 내가 다 보지 못한다면 아마 다른 사람이라도 봐야 할 겁니다."

"수백 개를 모두 보지 말라는 말이 아닙니다." 밥이 말했다. "단지 당신이 그 모두를 지켜볼 필요가 없다고 제안하는 겁니다. 만약 평가척도가 확실하게 연결된다면, 20개 이하의 평가척도를 보는 것만으로도 수백 개를 지켜볼 수 있으니까요. 일단 그건 나중에 얘기합시다. 부서장으로서 해야 할 일은 사업과 관련된 7개의 주요 질문들에 대한 대답에 관심을 가질 필요가 있습니다.

1. 운영하는 데 비용은 얼마나 지출될까?
2. 수입과 이익이 얼마나 창출되고 있을까?
3. 서비스 발주를 실행하거나 완료하는 데 시간이 얼마나 소요될까?
4. 얼마나 많은 작업량을 수행하고 있나?
5. 얼마나 많은 자원들이 사용되고 있나? (노동력, 원재료, 자본, 그리고 소모품이 포함됨)
6. 실수, 재작업, 부산물과 폐기물의 형태로 나오는 결함은 어느 정도인가?
7. 고객들은 얼마나 결과에 만족하는가?

당신은 여기 쌓여있는 보고서에서 그 모든 정보를 알 수 있습니까?"

> **전문가 조언**
>
> 핵심프로세스란 고객에게 제품과 서비스를 제공하는 연속된 작업활동이다.

빈스는 자신이 없어 보였다. "모른다고밖에 말할 수 없군요."

밥이 싱긋 웃었다. "빈스, 스코어카드가 있으면 추측이 필요 없습니다. 당신 앞에 있는 7개의 평가척도에 대한 정보는 눈앞에 있을 테니까요. 게다가 중요하다고 생각하는 것, 예를 들어 종업원만족, 종업원

기술향상, 또는 시장 상황 같은 중요한 정보도 볼 수 있겠지요."

"그럼 이 보고서들 안에 있는 모든 정보는 어떻게 되는 거죠?"

"이 평가척도들 대부분이 좀 더 낮은 단계의 지표처럼 보입니다. 제가 언급한 7개의 요약 평가척도와 결합된다는 생각이 드는군요. 좀 더 낮은 단계의 지표들은 감독자와 작업팀 수준에서 조정됩니다. 당신의 관리자들과 부장들은 모아진 평가척도들을 검토하고, 당신은 요약 평가척도들을 검토합니다. 평가척도들이 연결되어 있다면, 당신은 필요에 따라 낮은 단계의 지표까지 내려가면 되는 것이지요."

수집

5단계   기존의 평가척도 자료를 모아라

"그것은 리비도 말했던 것 같은데 이 자료로 예를 들어주실 수 있습니까?"

"물론입니다. 시스템 고장에 관한 자료를 한번 보시지요."

"네. 그건 항상 신경을 써야만 해요. 고객들은 시스템이 정지되거나 하면 큰 소란을 일으키거든요."

"그러나 시스템 고장을 고치거나 시스템 고장을 예방하기 위해 누가 그 일을 합니까? 빈스, 당신의 일인가요?"

"물론 아닙니다. 내 부하들인 네트워크 기술자들이 하지요."

"그 네트워크 기술자들은 시스템 고장과 관련된 자료들을 검토하고 있습니까?"

“잘은 모르지만, 분명 하고는 있을 것입니다.”

“또 추측을 하시네요. 하지만 연결된 퍼포먼스 스코어카드가 있으면 부하들인 네트워크 기술자들이 문제가 어디서 발생하였는지 보기 위해 매일 시스템 정지 자료를 조사하고, 시스템 고장을 막을 방법을 찾을 수 있습니다. 당신은 매주 모든 시스템의 고장 자료를 보고, 가능한 월별로 장기간의 추세를 봅니다. 자료를 사용할 줄 아는 사람들, 즉 네트워크 기술자들의 손으로 피드백 작업을 하게끔 만들고 싶지 않으세요?”

빈스는 깊이 생각했다. “그렇다면 자료를 없애는 게 아니라 단지 올바른 단계로 하달하여 다른 사람에게 결과를 감시하게끔 책임을 지게 한다는 말인가요?”

“전반적으로 말하면, 그렇습니다.” 밥이 대답했다.

“그럴싸한 이야기지만 과연 이걸 어떻게 분류하고, 또 각 부분을 누구에게 책임을 맡길지, 게다가 그것들을 각각 어떻게 연결시켜야할지 잘 모르겠군요.”

“우선은 스탭들을 소집해서 회합을 하세요. 주요 구성원들과 함께 당신의 사업목적, 수치목표, 계획들과 연관된 당신의 스코어카드 평가 척도를 만듭니다. 당신 부서의 사업목표가 명확하지 않다면, 회합은 그것을 계속 토론할 수 있는 이상적인 기회가 될 것입니다.”

빈스가 말했다. “우리는 사업목표에 대해 계속 토의해왔습니다. 그러나 아무도 그것들을 충족시키지 못하더라는 것이 문제입니다.”

“어쩌면 그들은 무엇을 측정할지 정확히 모르거나, 충분한 피드백이 없어서 무슨 일이 일어날지 알 수 없었기 때문일지도 모르지요.”

6단계   스코어카드 작성을 위한 회합과 의제를 계획하라

밥은 잠시 생각하다 다시 입을 열었다. "우선 직속부하들을 소집하십시오. 당신 팀이 당신의 사업목표를 알고 있을 테니까요. 당신의 평가척도를 수집할 스탭들도요. 그리고 프로세스 관리자들과 성과개선 전문가들도 소집하세요. 반나절 미팅을 계획해서 당신의 퍼포먼스 스코어카드가 될 평가척도를 검토하고 다듬습니다. 당신이 회합 약속을 조정하면서, 수집단계에서 모은 입력정보의 사본을 준비해주십시오. 미팅시간도 줄어들뿐더러 참가자들의 회합준비도 훨씬 수월해질 겁니다."

"그들이 검토할 정보의 양이 너무 많은데, 반나절 일정으로 완성할 수 있을까요?" 빈스가 물었다.

"저는 우리가 이런 얘기까지 하리라 기대했습니다. 그래서 한 예를 보여드릴까 합니다. 당신은 사업이나 당신의 지지자들에게 의제를 맞추고 싶겠지만 이걸 보면 아이디어가 떠오를 겁니다. 보십시오."

(밥의 예는 표 3·2에 나타나 있다)

빈스는 고개를 끄덕였다. "우리가 반나절 안에 모든 걸 완성하도록 도와준다면 정말 고맙겠습니다. 스코어카드는 정말 많은 도움이 될 겁니다. 그리고 기꺼이 이걸 진행할 작정입니다. 수요일에 다시 오실 수 있겠습니까?"

“물론이죠. 시행을 돕게 되어 저도 기쁩니다. 좀 더 시간이 있다면 당신의 특정 팀에 맞게 의제를 맞출 수 있습니다. 또한 저로서는 회합 후에 결과적으로 어떻게 되었는지 설명해 둘 필요가 있습니다. 이번 회합의 목적은 단 한 가지, 당신의 평가척도들을 결정하는 겁니다. 기준선을 만들고 스코어카드를 사용하여 개선을 추진할 필요가 있기 때문입니다. 할 일이 산더미 같은데요.”

“자, 그럼 빨리 시작하는 게 좋겠군요.” 빈스가 대답했다.

빈스와 밥은 그 후 두 시간 동안 빈스팀을 위한 안건을 다듬고 회합을 준비했다. 밥이 떠난 후, 빈스는 네 명의 관리자들과 전문 스탭들에게 다가올 미팅에 대해 통지했다. 날이 저물 무렵, 탁자 위를 다시 한 번 쳐다봤다. 서류 더미가 없어진 것이 너무 행복했다.

시간	내용	프로세스	프로세스 추진자	수단 / 지원
30분	오리엔테이션 • 환영인사 • 바람직한 결과 • 스코어카드 작성방법과 방법론 개요	• 정보의 공유화 • 질의 / 응답	• 팀 리더 • 스코어카드 작성 진행팀	• 회합의 의제 • 스코어카드 작성 프로세스 모델 • 스코어카드 작성 및 업적 평가척도 개정의 논리적 근거
30분	회사 환경 / 조건의 재검토	• 정보의 공유화 • 질의 / 응답	• 팀 리더 • 스코어카드 작성 진행팀	• 조직의 사명과 비전 • 상급 경영관리층의 스코어카드 • 직속 관리자의 스코어카드
30분	핵심프로세스 및 목적 재검토	• 토론 • 질의 / 응답 • 계획작업	• 스코어카드 작성 진행팀	• 핵심프로세스의 흐름 • 팀의 성과 • 고객의 요구 • 팀의 사업목적
90분	최초의 스코어카드 평가척도 작성	• 토론 • 집단작업	• 스코어카드 작성 진행팀	• 워크시트 : '평가척도 작성'
30분	행동계획 작성	• 토론 • 집단작업	• 스코어카드 작성 진행팀	• 워크시트 : '행동계획 입안'
60분	요약 / 다음 단계 • 다음 단계에 대한 토론 • 행동항목 재검토 • 제 3단계 : 스코어카드 심화 준비	• 토론 • 다음 단계에 대한 보고	• 팀 리더 • 스코어카드 작성 진행팀	• 행동요약 • 의제 입안

표 3·2	스코어카드 작성을 위한 회합 의제 예시

▌요약

수집에는 6단계가 있는데 결과를 요약하면 다음 차트와 같다.

수집단계에서는 사업목적과 조직 상층부의 평가척도들을 포함하는 스코어카드의 입력정보를 검토 분석한다. 그리고 조직의 고유 고객과 공급자 사슬을 명확히 하고, 중심 프로세스들인 상층부의 흐름도를 작성한다. 또한 팀의 목적과 바람직한 결과를 명확히 한다.

이 정보는 스코어카드 작성을 위한 회합의 기본틀이 된다. 이 회합에서는 스코어카드의 평가척도들을 명확히 하여 최초의 스코어카드를 만든다. 이에 따라 스코어카드의 평가척도들은 조직의 전략적 목적과 고객의 요구사항, 업무단위들의 사업목적과 적합한지 명확하게 한다.

단계	스텝	결과
① 수집 ⑥ 확인 ② 작성 퍼포먼스 스코어카드 매니지먼트 사이클 ⑤ 연결 ③ 심화 ④ 세분화 1단계 : 수집	1.최고 경영자층의 목적·평가척도(상사의 스코어카드)를 입수하라 2.고객과 고객의 주요 요구사항을 특정화하라 3.핵심프로세스 사슬을 정의하라 4.고차원의 프로세스 사슬을 상세히 기록하라 5.기존의 평가척도 자료들을 모아라 6.스코어카드 작성을 위한 회합과 의제를 계획하라	• 고객—공급자 프로세스 체인의 스냅샷 • 상위계층의 핵심프로세스에 관한 플로우 차트 • 스코어카드 작성을 위한 회합의 조건과 의제

측정사례 연구

그랜아이트 록 컴퍼니*Granite Rock Company*

APQC 측정사례 연구

그랜아이트 록은 100년 전에 설립된 가족회사로, 과거의 성공이 다음 세기에까지 기대할 수 있다는 충분한 증거가 되고 있다. 측정평가를 엄격히 해 온 결과 1992년에는 건설회사로서는 최초로 말콤 볼드리지 전미 품질상을 획득했다.

그랜아이트 록 사가 측정평가프로그램을 시작한 것은, 위기적 상황이 아니라 재무적으로 튼튼할 때였다. 1986년에 부루스*Bruce*와 스티브 울퍼트*Steve Woolpert* 형제가 공동 CEO로 회사를 인수했을 때, 수익개선 외에는 다른 기업적 목표가 없다는 걸 알았다. 더욱이 진척 상황을 측정할 기준조차도 전무했다.

그랜아이트 록 사의 개선에 대한 그들의 노력은 9개의 목표, 즉 회사에 아주 중요한 전략적 영역들을 확인하는 작업에서부터 시작되었다.

1. 고객만족과 서비스
2. 안전
3. 생산 효율성
4. 재무적 성과 및 성공
5. 지역공동체와의 관계
6. 관리
7. 이익

8. 제품 품질보증

9. 사원

그들은 측정기준을 정의하는 3가지 접근방법을 사용하여 각각의 성과 영역에 대해서 4~5개의 기초가 되는 측정기준, 즉 평가척도들을 설정했다.

- 고객들과 그랜아이트 록 사의 사원에게 중요한 것이 무엇인지 알기 위한 서베이와 표적집단 면접
- 동종 및 이업종 산업의 벤치마킹 연구
- 고객의 기대와 가치에 근거해서 내부적으로 명확해진 평가척도

평가가 행동을 촉진한다는 걸 알고 있었기 때문에 경쟁력을 향상시킬 수 있는 평가척도들을 사용했다. 예를 들면 생산의 효율성을 생각했는데, 그것이 향상되면 비용은 낮아지고 보다 경쟁력이 생기기 때문이다. 가격경쟁력이 있고 높은 가치를 제공한다면, 고객들은 보다 많이 구매할 것이다. 그래서 생산효율성 영역에서 효율성, 제품의 질, 생산품질 및 비용 등의 균형을 강조하는 4~5개의 측정기준에 집중했다.

회사의 각 부서들은 회사의 목적을 증진시키기 위해서 어떠한 측정기준들이 중요한가를 결정했다. 예를 들면 노던 로드*Northern Road* 원료부의 판매관리자는 고객의 운반시간과 돈을 절약하면서 '문에서 문' 시간(다시 말하면, 트럭이 길에 다시 들어서기 전에 아스팔트 공장에서 소비하는 시간의 양)을 통해 고객만족을 향상시키기 위한 노

력을 했다.

이러한 부서별 평가척도들은 회사의 목적과 연결되어 있다. 경영 보상과 평가결과가 연결되면 결과적으로 업적이 향상되는 것이다. 또한 당사는 평가결과를 전사적으로 공유하는 것을 중시했다. 솜씨 있는 연출로 그들의 뉴스레터인 '화요일 사실(Tuesday Facts)'이 팩스나 전자메일로 매주 화요일마다 본사에서 각 지사로 송부된다.

볼드리지상을 수상한 여파로 그랜아이트 록 사는 다음을 포함한 수많은 성과를 올렸다

- 25% 를 웃도는 전체 고객 수의 증대와 판매증대.
- 1992년 이래 매년 시장점유율 증가.
- 서베이에 나타난 점수에 표시된 것과 같이 고객만족이 5점 만점의 4.29에서 4.65까지 상승.
- 통계적 프로세스 통제(STC)로 콘크리트 배칭(콘크리트 제조 시 재료의 저장, 공급, 계량에 사용하는 설비 일식)은 100% 이상 향상.
- 회사는 수많은 환경상과 기술혁신상 수상.
- 1994년 캘리포니아 주지사의 골든 스테이트 *Golden State* 품질상 수상.
- 고객의 불만을 해결하기 위한 제품 서비스 불일치(PSD) 조사 기간이 23일에서 6일로 단축. 또한 PSD 프로세스 완료 일수의 총합이 60일에서 29일까지 단축됨.

업계의 선도자로서 그랜아이트 록 사는 측정평가를 통한 **지속적 개**

선은 선택이 아니라 필수요소임을 인식하고 있었다.

《Measuring Success: Winning the Baldrige Was Just a Step Along Granite Rock's Endless Road to Quality》 by Susan Elliott; *Measurement in Practice* (August/September 1997) Issue 9, Houston, TX: American Productivity & Quality. Center (APQC) ⓒ1997 . Reprinted with Permission. Contact APQC for full text.

Baldrige National Quality Program(1999). *Malcolm Baldrige National Quality Award: Profiles of Winners.* Gaithersburg, MD: National Institute of Standard and Technology.

Create Your
Scorecard

스코어카드의 작성

이 장에서 빈스는 부하들의 도움을 받아 처음으로 퍼포먼스 스코어카드를 만든다. 처음에는 퍼포먼스 스코어카드를 사용하려는 그의 의도와 목적에 대한 오해로 저항을 받지만 이를 극복한다. 라인 관리자들이 참여에 대한 바람직한 결과와 기대를 이해하고 기꺼이 참여하게 되어 첫 회합의 결과는 빈스의 기대 수준을 넘어섰다. 그들은 매월 정규 성과검토회의에서 퍼포먼스 스코어카드를 사용할 계획을 세우고 미팅을 끝마쳤다.

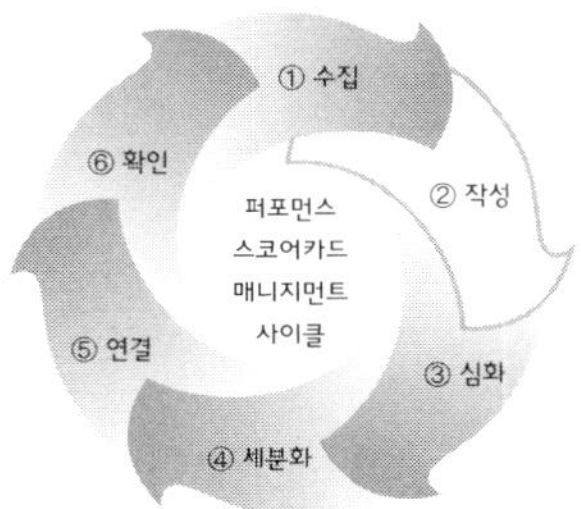

퍼포먼스 스코어카드를 위해 빈스팀이 회합할 날이 되었다. 빈스와 밥이 들어왔을 때 회의실에는 빈스의 직계 부하들이 모두 자리하고 있었다.

- 캐더린 밀러 *Catherine Miller* : 헬프 데스크 관리자
- 맥스 맥팔랜드 *Max McFarland* : 워크스테이션 서비스 관리자
- 앤 보우만 *Anne Bowman* : 네트워크 서비스 관리자
- 미구엘 로드리게즈 *Miguel Rodriguez* : 기술통합 관리자
- 홀리 마틴 *Holly Martin* : 프로세스 향상 전문가
- 리비 베이쯔 *Libby Bates* : 경영관리자 보좌역

<table>
<tr><td colspan="2">작성</td></tr>
<tr><td>단계</td><td>1. 퍼포먼스 스코어카드 개발계획에 사용할 입력정보를 검토하라
2. 주요 성과영역들을 정의하라
3. 주요 성과영역들과 사업목적을 연결시켜라
4. 평가척도가 될 만한 것들을 브레인스토밍하라
5. 퍼포먼스 스코어카드를 위한 주요 지표들을 선택하라
6. 주요 지표들을 명확히 하라
7. 주요 지표들을 수집하고 검토하기 위한 행동계획을 세워라</td></tr>
</table>

회합에 앞서 빈스는 팀에게 밥이 제시한 정보를 검토하도록 요청했다. 빈스는 환영인사에 이어 밥을 소개한 후 미팅을 시작했다. 빈스는 성과와 관련된 여러 중요 문제를 해결하기 위해 퍼포먼스 스코어카드

를 개발하려 한다고 설명한 다음, 밥에게 발언권을 넘겼다.

밥은 몇 분간 퍼포먼스 스코어카드의 작성 목적과 빈스의 퍼포먼스 스코어카드를 개발하기 위한 프로세스를 설명한 뒤 이렇게 물었다. "오늘 결과물은 팀의 목적, 목적과 연결된 평가척도, 앞으로 나아가기 위한 행동계획을 명확히 하는 것입니다. 질문 있습니까?"

"여기요." 맥스가 손을 들었다 "사전 자료를 다 읽어보고 지시한 것도 가져왔습니다만, 우리가 왜 이 일을 해야만 합니까? 이미 우리도 충분한 평가척도들을 갖고 있지 않습니까?"

"물론 있습니다." 빈스가 대답했다 "우리는 평가척도들을 충분할 만큼 많이 가지고 있습니다. 그리고 우리는 평가척도를 추가하자는 게 아니라 우리 부서의 성과를 개선하기 위해서 필요한 소수핵심평가 척도를 확인하자는 겁니다. 나중에는 각각의 평가척도들이 우리 팀의 평가척도들과 어떻게 일치되며, 균형이 잡히게 하기 위해서는 또 어떻게 해야 하는지를 결정하는 것도 각각 반복하게 될 겁니다."

작성

1단계   퍼포먼스 스코어카드의 개발계획에
          사용할 입력정보를 검토하라

"이런 데 시간을 들여야 할지 말아야 할지는 잘 모르겠지만 일단 따르겠습니다." 맥스가 대답했다.

그러자 빈스가 말했다. "고맙소, 맥스. 분명 가치가 있다는 걸 알게 될 거요. 그럼 시작하시지요, 밥.”

밥이 말했다. “우선 여러분들이 계획에 사용하고 있는 입력정보를 보십시오. 여러분 모두 쟌 라슨 사장이 세운 올해 목표의 복사물을 갖고 있을 겁니다. 수입과 이익증가, 고객만족 개선, 시장확대, 그리고 서비스 성과개선 등, 이미 그 의미의 중요성은 잘 알고 있으리라 믿습니다.”

“물론 알고 있어요.” 캐더린이 대답했다. “그러나 그것들을 연결시키는 방법을 생각하는 게 힘들어요. 저는 헬프 데스크에 있습니다. 수입, 이익, 그리고 시장확장이 저와 무슨 관계가 있죠? 그건 모두 진 엘리스의 전문 영역인 판매에 관한 내용이잖아요?”

> **전문가 조언**
>
> 팀의 성과와 기여도를 위해 회사의 목표와 목표달성 수단을 살펴보고 우선순위를 정하라.

미구엘이 끼어들었다. “네, 그건 모두가 알고 있는 사실이죠. 고객만족은 우리 관할이 아닙니다. 우리는 서비스 면에서 중요한 일을 합니다. 그러나 진 엘리스의 판매원들은 우리가 지킬 수 없는 약속을 하지요. 우리가 약속을 지킬 수 없으면 고객들은 화를 낸답니다. 그런 상태에서 어떻게 만족을 개선할 수 있겠습니까?”

목표에 대해서 전원이 동시에 웅성대기 시작했다.

빈스는 회의의 질서를 요구했다. “알았어요, 다들 진정하시오. 사업

목적에 문제가 있다는 건 알고 있습니다. 그래서 우리가 여기에 모인 겁니다. 목적과 평가척도가 무의미한 부분들을 찾아냅시다. 밥, 계속 하십시오."

"여러분들 팀의 주요 성과영역들을 특정화해 봅시다. 성과영역은 상당히 중요한 것이며, 반드시 달성해야 하고, 흥하느냐 망하느냐의 사업 결과물입니다. 그 결과를 사업의 성과영역으로 생각하십시오. 분류하자면 재무수익, 시장확대, 고객만족, 종업원 개발, 서비스의 질 등이 포함되겠죠. 여기 주요 성과영역들을 확인하기 위한 몇 가지 지침이 있습니다." 밥은 플립차트*flip chart*에 적혀 있는 다음 지침들을 언급했다.

- 고객에게 제공하는 주요 제품들과 서비스는 무엇인가?
- 경영관리층이 중시하는 사업성과에는 어떤 것들이 있나?
- 어떤 성과에 팀 자원의 대부분을 소비하였나?
- 고객과의 합의를 통해 어떤 결과영역들이 정의되어 있나?
- 기업 전략으로 명확한 것은 어떤 분야인가?

잠시 토론이 있은 후, 밥과 팀은 솔브넷의 전략과 연결된 주요 성과

솔브넷의 전략적 목표	빈스의 주요 성과영역들
모든 거래 시 고객의 충성도를 구축하라	고객만족
수익을 증가하라	재무의 건전성
낭비 없는 효율적인 업무체계를 개발하라	직장의 우수성
종업원들이 지식, 기술, 능력을 겸비하여 경쟁우위를 획득한다	스텝의 우수한 능력

영역들을 확인했는데 그 내용은 다음과 같다.

"좋아요." 밥은 말했다. "다음 단계는 우리 팀의 목적을 검토하고 그것을 주요 성과영역에 연결시키는 일입니다. 목적은 성과, 결과 등과 관련되어 있고 주요 성과영역들은 산출물의 영역입니다. 그러므로 주요 성과영역에 대해서 하나 또는 그 이상의 목적을 가져야 하며, 그 목적에는 중요한 특징이 있습니다. 그것은 전략목표와 관련하여 회사의 비전에 맞는 특정한 의미를 가지면서 구체적이고, 측정평가나 성취가 가능하고, 실제적이고 시간에 기초해야 합니다. 그럼 여러분 것들을 살펴볼까요?"

> 작성
>
> 3단계   주요 성과영역들과 사업목적을 연결시키시오

밥은 부서의 목적들을 플립차트에 적었다.

- 연도 말까지 고객만족 10% 증가하기
- 연도 말까지 고객에 대한 서비스 질 10% 높이기
- 중반까지 서비스 질에 관한 비용 10% 낮추기
- 연도 말까지 수입과 이익 10% 증가하기

"모든 영역에서 성과를 10% 향상시키자는 주제로 목표를 설정했다는 걸 빈스 부서장이 제게 설명해주었습니다." 밥이 말했다.

그러자 빈스가 고개를 끄덕였다. "그렇습니다. 그리고 몇 가지 목표들을 달성하는 데 힘들어하고 있습니다. 몇몇 수치목표에 대해서는 진전이 있는지 없는지 알 수도 없구요."

"네트워크 고장이 감소함으로써 서비스는 질적으로 발전하고 있다고 생각합니다. 그러나 전면적으로 10% 목표는 너무 높습니다. 우리는 작년부터 이미 업계의 기준수준에 있습니다. 새로운 장비에 대한 큰 투자 없이 10% 향상은 불가능할 것입니다." 앤 보우만이 말했다.

> **전문가 조언**
>
> 업무계약과 서비스 협정을 재검토하여 요구된 작업결과를 특정화 한다.

맥스도 이야기했다. "네, 그리고 워크스테이션 설치시간을 10% 줄이기 위해서는 더 많은 기술자가 필요할 것입니다. 그러므로 저희 측

에 많은 인원을 고용하든지, 앤이 직원들의 업무 일부를 지원해 주었
으면 합니다."

앤과 맥스가 목표 달성과 관련된 자원 요구라든지 문제점들을 논의
하느라 웅성대서 빈스는 다시 한 번 주의를 주어야만 했다.

"자, 그만들 하세요. 여러분, 우리는 자원문제를 해결하기 위해서
모인 게 아니라 평가척도를 검토하려고 모인 겁니다. 밥, 다음은 무엇
이죠?"

"여러분의 목표가 주요 성과영역들에 얼마나 적합한지 봅시다." 밥
이 플립차트 위에 다음과 같이 쓰면서 대답했다.

팀의 주요 성과영역	팀의 목적
고객만족	연도 말까지 고객만족 10% 증가
재무의 건전성	연도 말까지 수입과 이익 10% 증가
워크스테이션의 우수성	연도 말까지 고객에 대한 서비스 질 10% 증가 연도 중반까지 서비스 질에 관련된 비용 10% 감소
스탭의 우수한 능력	

홀리가 고개를 갸우뚱했다. "이상하네요…. 주요 성과영역 중에 목
표가 없는 게 있군요. 그래도 괜찮은가요?"

"아니오." 밥이 대답했다. "특정 영역에서 팀을 제외시킬 특별한 이유가 없는 한 안 됩니다. 여러분들은 부하가 있기 때문에 스탭의 우수한 능력을 위한 목표를 가져야 합니다."

"지적하신대로 우리는 헬프 데스크에서 제품지식을 충분히 숙지할 필요가 있습니다." 캐더린도 동의했다.

"저희 부서는 최근의 네트워크시스템에 관한 훈련이 필요합니다." 앤도 건의했다.

전문가 조언

효과적인 평가척도의 특징

- 알기 쉽다
- 팀 행동에 의해 통제 가능
- 실제적인 성과변화를 반영하라
- 목적에 맞춰 세분화하라
- 신뢰할 수 있고 바른 것
- 정보원을 추적 가능한 것

"솔직히 말해서, 우리는 모두 새로운 기술에 대한 훈련을 받아야 합니다." 미구엘도 필요성을 인정했다. "게다가 문제해결, 클레임 관리, 그리고 다른 문제들에서도 훈련이 필요합니다. 먼저 훈련의 필요성을 조사하고 우선순위를 정하는 건 어떨까요?"

"좋은 아이디어군요, 미구엘!" 홀리가 찬성했다. "모두가 협력하여 필요성을 분석하는 게 좋을 것 같아요."

다른 사람들도 필요성을 분석하는 데 홀리를 지원하겠다고 동의했다.

그때 빈스가 말했다. "좋습니다. 90일 내에 요구분석을 완료할 목표를 세워주세요. 그 결과에 근거하여 스탭의 능력향상 목표를 검토하면 어떨까요? 홀리, 시간이 충분하겠습니까?"

"물론이죠." 홀리도 흔쾌히 동의했다.

작성

4단계   평가척도가 될 만한 것들을 브레인스토밍하라

밥이 말했다. "좋습니다. 다음 단계는 평가척도를 브레인스토밍하는 것입니다. 평가척도는 주어진 목적 또는 결과에 대해서 우리 팀이 얼마나 잘하고 있는지를 나타내는 구체적인 지표입니다. 한 묶음의 종합적인 평가척도, 즉 바로 퍼포먼스 스코어카드로 목적에 대한 성과를 정확하고 완벽하게 제공해줍니다."

맥스가 질문했다. "이미 많은 평가척도들이 있는데 우리가 매일 하는 일을 더 상세하게 보고 싶다는 건가요?"

빈스가 대답했다. "평가척도가 많이 있다는 건 잘 알고 있습니다. 사실 그중 일부를 없애서 내가 검증해야 할 개수를 최소화할 수 있는지 확인하고 싶은 거지요. 전문가에 따르면, 내가 검증해야할 평가척도는 20개 이하이고, 여러분도 마찬가지라고 합니다."

모두들 순간적으로 아찔해했다.

"20개라구요?" 캐더린이 외쳤다. "어떻게 20개의 평가척도로 헬프데스크를 관리할 수 있죠? 전 지금 수백 개의 평가척도로 살펴보고 있는데…?"

다른 관리자들도 그들이 사용하는 평가척도의 수를 줄이는 것이 얼
마나 어려운지 얘기하느라 다시 웅성댔다.

"잠깐만요, 여러분. 캐더린, 지금의 평가척도들이 얼마나 유용한 피
드백을 제공하고 있습니까? 당신은 실제로 얼마나 진지하게 검증하고
있으며, 의사결정 시 사용하십니까?" 밥이 물었다.

캐더린은 잠시 생각했다. "생각해 보니, 제가 자세히 보는 건 몇 개

안 되네요. 아마 20개 미만일 거예요. 왜 이런 것까지 봐야 하는지 의아스러운 것도 몇 개 있지요. 따라서 삭제하는 것에 동의합니다.”

다른 관리자들도 모두 고개를 끄덕였다.

“좋아요. 다음 단계는 각 목적별로 평가척도를 브레인스토밍하는 것입니다.” 밥은 효과적 평가척도들의 특징과, 좋고 나쁜 평가척도들을 판단하는 기준에 대해 설명했다.

빈스와 그의 관리자들은 빈스의 퍼포먼스 스코어카드를 위한 다음의 주요 평가척도들을 브레인스토밍했다. 밥이 그들의 아이디어를 메모했다.

목적 : 고객만족 10% 증가시키기

- 고객만족도
- 회수된 고객 피드백 카드의 수
- 숫자로 나타난 고객평가
- 피드백을 제공한 고객 비율
- 고객의 클레임 건수

목적 : 수입과 이익 10% 증가시키기

- 부서 수입
- 부서 순이익
- 예산 불일치 비율
- 서비스 영역별 이익

목적 : 고객에 대한 서비스 질 10% 향상시키기

- 제시간에 완료된 서비스요청 비율
- 재작업을 요구하는 서비스요청 비율
- 서비스요청 반응시간
- 대응하지 못한 서비스요청 건수
- 서비스요청에 대응하지 못한 이유들
- 네트워크 고장횟수
- 네트워크 정지시간
- 서비스요청에서 완료까지 걸린 시간

목적 : 서비스 품질 비용 10% 낮추기

- 서비스센터 비용
- 헬프 데스크 통화횟수당 비용
- 서비스요청당 비용
- 네트워크 노드(네트워크에 악세스 가능한 접속 포인트)한 장소당 비용
- 종업원 1인당 비용

목적 : 90일 내에 필요성 분석 완료하기

- 필요성 분석에서 인정된 기술 필요성 건수
- 필요성 분석을 완료한 종업원 비율
- 종료한 훈련코스의 수
- 필요한 훈련코스의 수
- 주요 기술훈련을 받은 종업원 비율

그들은 잠시 동안 목록을 검토했다.

맥스가 먼저 입을 열었다. "빈스, 27개의 평가척도들은 어떻습니까? 제게는 모두 중요한 것 같습니다."

"모두 중요할지도 모릅니다. 그러나 반드시 내가 모두 알아야 할 것들은 아닙니다. 필요한 것들을 골라보겠습니다." 빈스는 목록에서 몇 개를 표시했고, 아래 4 · 1에 있는 표에 목록을 마무리 지었다.

팀 목표	평가척도
고객만족 10% 향상하기	고객만족도
연말까지 수입과 이익 10% 증가하기	부서의 수입 부서의 순이익
연말까지 고객에 대한 서비스 질 10% 향상하기	제시간 내에 완료된 서비스요청 비율 재작업을 필요로 하는 서비스요청 비율
올 중반까지 고객에 대한 서비스 비용 10% 낮추기	서비스센터 비용
90일 내에 필요성 분석 완료하기	필요하다고 인정받은 기술 건수

표 4 · 1　　빈스의 소수핵심 퍼포먼스 스코어카드의 평가척도

빈스는 목록을 살펴보더니 말했다.

"매달 이 숫자들을 보고 정확한지 알고 있다면 정말 편안할 겁니다. 물론 여러분들이 각 분야의 평가척도를 갖고 각자의 비용, 고객만족, 서비스 성과 등을 지켜보고 있다는 것을 제가 알면 되지요."

앤이 말했다. "그건 몇 주 전부터 말했습니다. 저희는 우리의 책임영역에 대한 소유권과 피드백을 원합니다. 지금 당장은 필요 이상으로 검증하고 있거든요. 왜냐하면 우리는 어떤 문제에 대해 어떤 지표로 측정하는지 모르기 때문입니다."

빈스가 누구도 관심을 가지지 않거나 또는 살펴보지 않은 평가척도들을 요구하자, 관리자들은 사례를 교환하면서 여러 가지 다양한 측면의 논의를 시작했다.

"알았어요! 알았다구요! 앤이 정곡을 찌르네요." 빈스가 말했다. "쓸데없는 자료를 만들게 하는 사람이 나라면, 난 변화의 선두가 될 겁니다. 지금까지 많은 질문을 할 때마다 추가적인 평가척도를 만들고, 더욱 업무를 가중시켜왔다는 걸 전혀 깨닫지 못했거든요. 그러나 여러분들 모두가 우선항목의 성과를 지지한다면 난 그 7개를 관리하고 싶습니다. 밥, 내가 추적해야 할 소수핵심 평가척도가 정해진 것 같네요. 소수핵심 평가척도를 특정화하여 이들도 소수핵심 평가척도를 갖게 하고 연결할 방법을 결정할 필요가 있지 않습니까? 여러분들도 보다 적은 평가척도가 좋지 않겠어요?"

관리자들 모두가 이구동성으로 "네"라고 대답하자, 빈스가 활기차게 말했다. "좋아요! 오늘은 획기적인 진전을 보여주는군요."

밥이 말했다. "훌륭합니다. 남은 시간이 별로 없기 때문에 6단계와 7단계의 주요지표들을 한꺼번에 정의해봅시다. 여러분, 주요 지표가 소수핵심평가척도라는 걸 이해하시겠습니까?"

빈스와 관리자들은 그들의 스코어카드를 작성하기 위해서 무엇을 해야 하는지 확인했고, 리비는 그것을 플립차트에 정리했다.

"오늘은 완벽한 회합이었습니다." 밥이 말했다. "그럼, 마지막으로 평가를 하고 회의에서 느낀 점들을 들어 볼까요?"

행동	책임자	기한
처음 만든 퍼포먼스 스코어카드의 평가척도에 대한 정의와 기준선이 될 밑그림을 그려라	홀리와 리비	월말
퍼포먼스 스코어카드의 효율성과 결과를 검토하고 점검하라	관리자 전원	매월 정규 스탭미팅 기간 중
종업원들에게 주요 성과영역, 목적, 그리고 퍼포먼스 스코어카드의 평가척도를 제시하라	빈스	다음 달 '전 사원' 미팅
평가척도 정의들의 세부적인 조정이 필요한지 보기 위해 진척상황을 평가하라	빈스와 스탭	다음 분기 중에 매달 한 번
각 평가척도의 목표를 검토하라	빈스와 스탭	다음 분기 개시일

표 4 · 2　솔브넷 고객서비스 부서의 퍼포먼스 스코어카드 작성에 필요한 행동

캐더린이 먼저 말했다. "이런 식의 평가 형식도 있군요. 매우 가치
가 있었다고 봐요. 큰 진전이 있었으니까요."

맥스조차도 표 4·3에 나타난 평가용지를 건네주었을 때는 긍정적
인 반응이었다.

평가용지를 나눠준 리비가 말했다. "기입이 끝나면 제게 주세요. 회
의록과 행동항목은 내일 제출하겠습니다. 수고하셨습니다."

빈스가 덧붙였다. "고마워요, 리비. 잘 부탁해요. 그리고 여러분, 오
늘 여러 의견을 내주셔서 감사합니다. 나는 이것이 긍정적인 첫 번째
단계라는 캐더린의 말에 동의합니다. 다음은 심화단계에 들어갈 텐데
기준이 될 만한 것들을 모아 주간 스탭회의에서 검토해봅시다. 그럼
다음 주 스탭미팅에서 다시 만납시다."

모두가 돌아간 후, 빈스가 밥에게 말했다. "아주 잘되었습니다. 모
두 마음에 들어 하는 것 같네요."

"저도 그렇게 생각합니다." 밥도 웃으며 대답했다.

퍼포먼스 스코어카드 작성회의에 대한 평가	관리자명
	회합날짜

각각의 문장에 동의하는 정도를 평가하시오

	매우낮음		중간		매우높음
	1	2	3	4	5

- 참여자들은 솔직하게 의견과 아이디어를 표현할 기회가 있었다.

- 참여자들은 서로의 의견을 경청했다.

- 참여자들은 집단 의사결정에 만족하는 것 같다.

- 참여자들은 안건에 대해 관심을 집중하고 있었다.

- 리더는 준비성이 있었다.

- 참여자들은 준비성이 있었다.

- 참여자들은 행동항목의 책임을 명확하게 알고 있었다.

- 참여자들은 독창성을 발휘하여 상하관계에 연연하지 않고 생각할 수 있다.

의견 / 제안

표 4·3	평가양식

작성단계에서 다음과 같이 퍼포먼스 스코어카드를 작성한다.

- 관리자의 업무와 계획을 지원한다
- 업무프로세스들을 검증하는 것
- 고객의 요구사항들과 관련되어 있는 것
- 주요 사업목적의 달성 정도를 평가하는 것
- 책임과 수비범위를 분명히 하는 것

처음 만들 퍼포먼스 스코어카드의 평가척도는 아래에 요약한 표에 나타난 단계들을 밟는다. 소수핵심평가척도들이 선택되면 퍼포먼스 스코어카드를 명확히 하여 무엇이 평가되어야 하며, 조직에서 어떤 식으로 평가척도를 끌어내는가를 분명하게 하는 것이 중요하다. 작성단계의 마지막에서는 평가자료를 수집하는 활동계획을 만들어 이것이 심화단계로 연결되면 바람직한 사업 결과와 비교하여 측정평가를 검토할 수 있다.

단계	스텝	결과
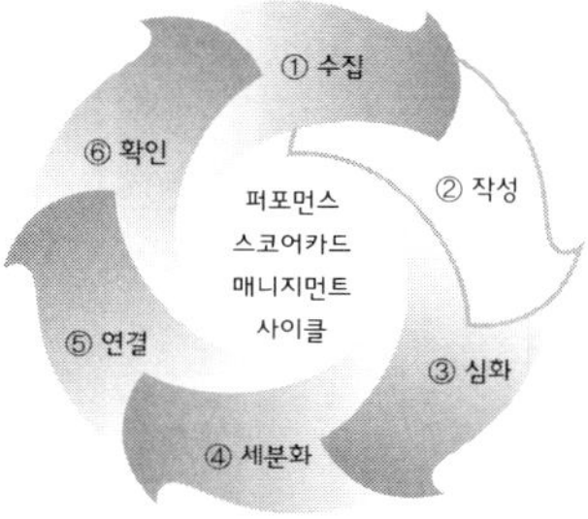 2단계 : 작성	1.퍼포먼스 스코어카드 개발계획에 사용할 입력정보를 검토하라 2.주요 성과영역들을 정의하라 3.주요 성과영역들과 사업목적을 연결시켜라 4.평가척도가 될 만한 것을 브레인스토밍하라 5.퍼포먼스 스코어카드의 주요 지표를 선택하라 6.주요 지표들을 명확히 하라 7.주요 지표들을 수집하고 검토를 위한 행동계획을 세워라	• 팀의 목적 • 회사의 목표, 사업목적, 고객만족도로 연결되는 퍼포먼스 스코어카드의 평가척도 • 평가척도 작성을 위한 행동계획

측정사례 연구

유나이티드 파슬 서비스 *United Parcel Service*

매일 1,200여 만 패키지를 운반하는 친숙한 존재인 유나이티드 파슬 서비스(UPS)는 1996년에 품질과 성과를 중시하는 방침을 확립했다. 회사가 중점을 두는 기초는 4요소로 **리더십, 인재, 프로세스,** 그리고 **측정평가**이다. 리더십의 기초는 관리자들이며, 그 책임은 다음과 같다

- 품질향상에 관한 노력과 능률향상 달성을 유도하라
- 경영계획의 효과성을 추적, 측정, 평가하라
- 사업과 품질에 관한 이니시어티브(주도)를 평가, 통합하라
- 관리자, 일반사원, 그리고 집단이 성과개선에 초점을 맞춘 우선사항을 확립하도록 지원하라

UPS는 위의 4가지 전략적 프로세스를 향상시키기 위해 체계적이고 조직화된 방법들을 개발했는데, 예를 들면 다음과 같은 것이 있다.

- 내 · 외부의 새로운 고객들을 개척하고 유지하기
- 육상 화물을 수집, 운반, 배달하기
- 청구서 송부와 수금하기
- 신제품과 서비스를 개발, 소개하기
- 내 · 외부고객 문의에 대응하기
- 내 · 외부고객에게 자료와 정보 제공하기

측정개선의 하나는, 회사의 측정평가시스템을 품질개선 목표에 일치시킨 UPS의 품질개선프로세스(QIP)이다. 스코어카드 접근방법을 사용하여, QIP는 중요 사업정보를 중심으로 하는 4개의 주요 영역으로 나뉜다.

- 고객(UPS고객들이 UPS를 어떻게 보는지)
- 사람, 혁신, 학습(UPS를 UPS종업원은 어떻게 인식하는지)
- 재무(UPS의 경제적 복지)
- 내부사업 프로세스(UPS가 사업을 어떻게 수행하는지 세부 사항들)

QIP 개발기간 동안 UPS의 품질부장인 마이크 브라운*Mike Brown*은 이렇게 말했다. '여기에는 2개의 중요한 개념이 관련되었다. 첫째는 초점을 확대하여 재무와 성과에 관한 전통적인 평가척도 외에 다른 항목들을 포함시킨 것이다. 두 번째는 측정평가 대상영역의 균형화에 대한 중요성이다. 평가척도가 하나밖에 없다면 사업이 확실하게 보일 리 없다. 오늘날의 사업 환경에서 성공하기 위해서는 각각의 중요한 영역의 균형에 신경을 쓸 필요가 있다.'

현재까지 경영적 측면의 성과는 15% 증가다. 이러한 생산성 증가는 조직구성원들이 뭔가 특별한 것을 해서라기보다 열심히 일했기 때문이다. UPS는 프로세스들을 의식하여 경영상의 기술을 레버리지 하고, 부가가치가 없는 절차들을 제거했다. 수하물의 여정단계 하나하나를 세심하게 추적할 수 있는 능력이 생긴 것으로 UPS는 프로세스를 관리

하는 뛰어난 능력을 손에 쥐었다

Cultivate Your Scorecard

스코어카드의 심화

이 장에서 빈스는 자신의 스코어카드를 사용하여 성과를 모니터하고, 성과수준을 해석하여 실시할 적절한 대책을 배우게 된다. 그는 성과를 관리하는 데 이용할 수 있는 평가척도와 입력된 정보상의 차이를 명확히 하여, 부하들에게 차이를 좁힐 수 있는 대책을 부여한다.

또한 적절한 목표설정 방법, 개선측정 방법, 그리고 퍼포먼스 스코어카드의 관계를 강화하는 법을 배운다. 스코어카드로 관리함으로써 재빨리 문제들을 확인하고 업무프로세스를 조정하여, 종업원의 노력이 사업목표와 연결된다는 이점을 깨닫게 된다.

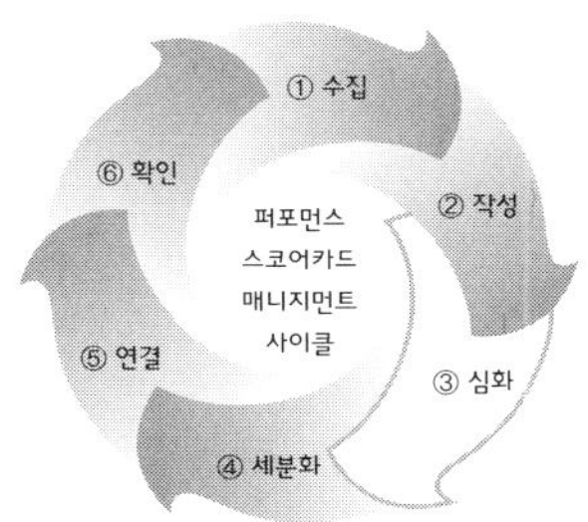

빈스는 그의 팀이 새로운 스코어카드를 검토할 날이 다가옴에 따라 불안감이 커졌다. 홀리는 차트를 정리하느라 바빴는데, 빈스에게 미리 보여주기를 거절했다. 그녀는 정보를 철저하게 수집해서 그를 놀라게 할 생각이었던 것이다.

<table>
<tr><td colspan="2">심화</td></tr>
<tr><td>단계</td><td>1. 역사적인 자료를 수집, 제시, 분석하라
2. 성과를 측정하라
3. 적절한 목표를 결정하라
4. 개선대책 계획을 세워라
5. 수평적 수직적 연결을 강화하라</td></tr>
</table>

드디어 회합날이 되어 빈스의 부하들은 회의실에 모였다. 밥은 선약 때문에 참석하지 못했으나, 퍼포먼스 스코어카드를 만든 같은 팀원들은 전원 참석했다. 캐더린, 맥스, 앤, 미구엘, 홀리, 그리고 리비였다.

그들이 토론을 하고 있을 때 빈스가 들어와 말했다. "좋습니다. 그럼, 시작하죠. 오늘의 주요 토의항목은 스코어카드를 검토하는 것입니다. 홀리, 준비 되었나요?"

"그럼요." 홀리가 대답했다.

리비는 홀리가 영사기의 전원을 켜서 첫 번째 차트를 보여주기 위해 불빛을 어둡게 했다.

"우리의 스코어카드는 주요 평가척도를 7개로 결정한 것을 떠올려

주십시오." 홀리가 설명하기 시작했다. "저는 그 자료를 여러 곳에서 모았고, 이것이 첫 번째 결과입니다 . 고객만족에 대해서부터 시작하겠습니다."

홀리의 고객만족 차트는 표 5 · 1에 나타난다.

심화

1단계   역사적인 자료를 수집, 제시, 분석하라

"고객만족도는 작년부터 하락하고 있습니다." 홀리의 설명이 계속되었다.

"잠깐만, 홀리." 앤이 끼어들었다. "점수가 하락한 것처럼 보이는 것은 우리가 측정척도를 바꾸었기 때문이에요. 점수는 작년보다 좋지만, 새로운 척도에 맞는 점수를 조정하지 않았기 때문이죠."

"왜 이건 헬프 데스크의 고객점수뿐이죠? 분기별 고객 인터뷰와 피드백 카드와 점수들은 어떻게 된 거죠?" 캐더린이 물었다.

"왜 점수는 100점을 기준으로 한 거죠? 헬프 데스크 점수는 1~5점 기준인데?" 맥스도 질문했다.

홀리가 아연해 있을 때 리비는 "이런! 내가 이런 상황을 예상하고 있어야 하는데…" 라고 중얼거렸다.

"무엇을 예상하고 있어야 한다는 얘기죠? 고객만족 결과에 대해서 논쟁이 일어날 거라는 건가요?" 라고 빈스가 물었다.

"네, 그래요." 리비가 말했다. "고객만족 결과만이 아니라 모든 결과에 대해서도요. 이것은 홀리의 잘못이 아닙니다. 자료를 모으라고 홀리를 보내기 전에 각각의 평가척도를 명백하게 할 필요가 있었어요."

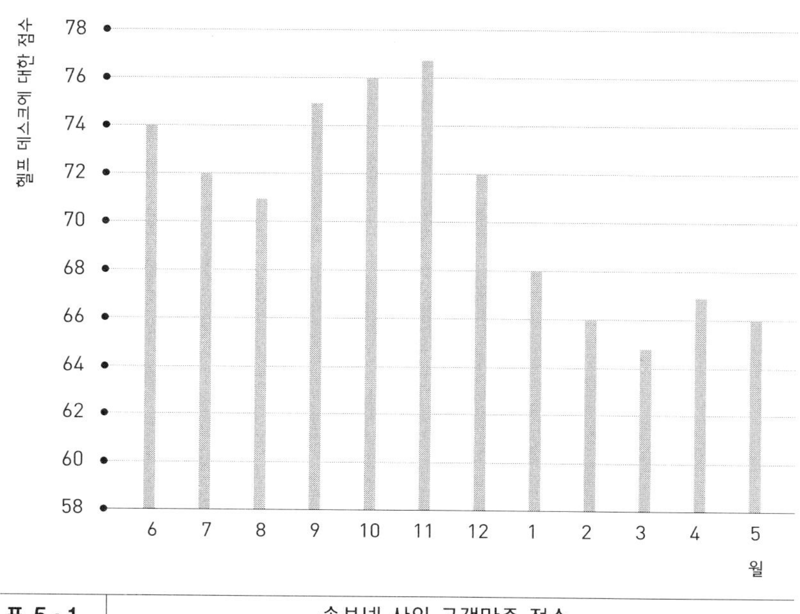

표 5·1	솔브넷 사의 고객만족 점수

"그렇다는 말은 2주일 동안 애써 수집한 자료의 결과를 지금 바로 볼 수 없다는 건가요?" 빈스는 퉁명스럽게 물었다. 그는 이날 아침 쟌라슨 사장님이 자신의 팀 결과에 대해 전화로 묻던 것을 떠올렸다.

"아니요. 시간을 낭비한 건 아니지만 더 해야 할 것이 있었습니다." 리비가 설명했다. "첫 번째 검토 때는 무엇을 측정하며, 평가척도는 어떻게 정의될 것인가에 대한 논의가 포함되었어야 합니다."

"리비, 그럼 무엇을 해야 하나요?" 빈스가 냉정을 되찾고 물었다.

2단계   성과를 측정하라

"고객만족 평가척도에 대한 동의가 필요합니다. 그럼, 홀리가 다른 평가척도들을 수집한 결과를 한번 봅시다. 어떤 자료인지 보고 그것이 옳은 자료인지 아닌지 동의할 필요가 있습니다. 첫 번째 단계는 무엇을 측정평가하는지를 이해하는 것입니다."

빈스는 잠시 생각했다. "고맙소, 리비. 그것을 먼저 해야겠군요. 좋습니다. 여러분, 고객서비스를 위한 올바른 평가척도는 무엇입니까?"

"고객만족에 대한 3개 지표가 있으므로 평균을 내었으면 합니다." 맥스가 말했다.

"그게 가능한가요? 헬프 데스크 평가는 5단계 평가에서 4이상 주었던 고객들의 비율로, 피드백 카드는 5단계 평가의 평균입니다. 그리고 인터뷰 결과들은 10단계 평가로 보고 되었는데?" 캐더린이 물었다.

3개의 평가척도를 잘 조합할 방법은 없을까 하고 서로 얼굴만 쳐다보았다.

"밥이 오면 물어보는 것이 좋겠군요. 리비, 밥에게 질문할 내용을 메모해 줄래요?" 빈스가 말했다.

리비는 끄덕이고 메모를 시작했다.

"홀리, 다음은 뭡니까?" 빈스가 물었다.

홀리는 다음 차트인 표 5 · 2의 부서 비용에 관한 내용을 보여 주었다.

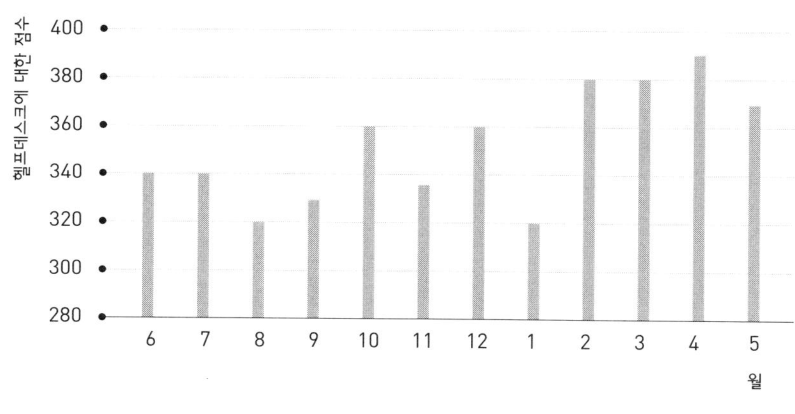

| 표 5·2 | 빈스가 담당하는 고객서비스 부서의 지출 |

“5월에 크게 하락했네요. 여러분들은 알고 있었나요?” 캐더린이 말했다.

“미안합니다. 몰랐습니다. 4월에 크게 늘어난 것도 몰랐구요.” 맥스가 말했다.

“상황이 상당히 안좋은 것처럼 보이지만, 이 수치들을 우리 목표와 비교하면 어떻죠? 계획대로 잘 진행되고 있나요?” 앤이 물었다.

“나는 사태가 악화되는 것이 아닌가 걱정했는데 이 도표가 그걸 확신시켜 주는군요.” 빈스가 말했다. “모두 정확한 언급을 했습니다. 매달 왜 이렇게 수치의 폭이 있는지 이해할 필요가 있겠군요.”

“그 원인을 알고 있어요.” 리비가 말했다. 모든 시선이 그녀에게 쏠렸다.

“리비, 입사한 지 2달밖에 안 됐는데 비용의 상승/하락 폭이 왜 있는지 어떻게 알 수 있습니까?” 빈스가 물었다.

“그걸 변동이라고 부릅니다.” 리비가 대답했다.

"맞아요." 홀리가 말했다. "5월에 하락한 이유는 증가하지 않았기 때문입니다."

모두들 박장대소했다.

"가치 있는 통찰, 고맙군요, 홀리." 빈스가 비아냥거리듯 껄껄 웃으며 말했다.

> **전문가 조언**
>
> - 공통적인 원인에 의한 변이는 결과물의 무작위한 변화에 기여하는, 늘 현존하는 요인들에 의한 정상적인 변이이다.
> - 특별한 원인의 변이는 우연하고 갑작스런 결과를 가져오며, 예상하지 못한 프로세스를 만들어 낸다.
> - 구조적 변이는 반복적인 추세, 주기, 또는 계절적인 변화 패턴이다.

"그 변동이 우리 비용에 어떤 영향을 주었는지 좀 더 상세히 말해 줄 수 있나요?"

"물론이죠. 대학에서 배운 통계학 수업을 떠올려 주십시오"라는 홀리의 말에 모두 불만스러운 표정이 되었다. "꼭 해야만 합니까?"라고 앤이 항변했다.

그러자 홀리가 말했다. "진지한 이야기인데요, 숫자를 검토할 땐 올바른 판단이 중요합니다. 우선 지난 12개월의 비용평균을 계산해 볼까요?"

"한 달에 35만 달러입니다." 미구엘이 바로 대답했다. 모두 놀라서 미구엘을 보았다. "나는 너무 궁금해서 당신이 이야기하는 동안 계산해 보았습니다.”

“좋습니다. 거기서 시작합시다.” 홀리가 계속했다. “그런데 어떤 달도 실제로 그 평균치인 35만 달러로 딱 떨어지는 달은 없습니다. 다소 많거나 적거나 하죠. 여기서 떠올려 주실 것은 표준편차입니다.”

“평균의 차이 같은 것을 말하는 거죠?” 라고 미구엘이 덧붙였다.

홀리가 고개를 끄덕였다. “맞습니다. 일련의 자료에 대한 관찰치와 평균치의 차를 제곱한 수를 관측횟수로 나눈 것을 말합니다. 정확한 수치를 계산할 수 있죠. 그러나 더 중요한 것은 그 수치에 대한 개념입니다. 예를 들어 표준편차를 2만불이라고 합시다. 표준편차가 변동과 관련이 있는 것은 매월 평균치 전후의 수치로 바뀐다는 예상을 하기 때문입니다. 표준편차는 어느 정도의 변동을 예상할 수 있는지 말해 줍니다. 통계공식에 근거해서 표준편차에 3배를 더하거나 빼면 예상되는 변동범위를 정할 수 있습니다.”

“이해가 될 것도 같은데 예를 들어 설명해줄 수 있나요?” 캐더린이 말했다.

“물론입니다. 2만불에 3을 곱하면 6만불이 됩니다. 6만불에 평균치인 35만불을 더하면 41만불이 되죠. 이것을 상위 통제범위라고 부릅니다" 라고 홀리가 설명했다.

"나는 지금까지 수리적 설명을 들었는데, 어떤 결론을 내리려는지 알 수가 없군요" 라고 맥스가 말했다.

"곧 결론을 내리겠습니다. 하위 범위에 대해서는, 35만불에서 6만불을 빼면 29만불이 됩니다. 이 두 숫자들이 예상범위입니다. 우리 부서에서는 매달 35만불 전후의 비용이 예상되며, 비용이 29만불에서 41만불 사이라면 놀랄 정도는 아니지요."

"그러나 모든 숫자들이 그 범위에 들어간다는 건 무엇을 뜻하죠?" 맥스가 물었다.

"그것은 아주 정상적으로 돌아가고 있다는 뜻입니다. 4월에 올라간 것에 대해서 너무 놀랄 필요도 없으며, 1월에 하락한 것에 대해서도 기뻐하지 말아야 합니다. 우리 부서의 정상적인 비용 변동일 뿐이니까요. 왜 상승했는지 알아내는 데 힘이 들지도 모릅니다. 만약 비용이 41만불 이상 29만불 이하로 떨어진다면, 우리는 좀 더 자세히 살펴보아야 합니다. 어떤 특이한 요인이 있다는 걸 암시하는 거니까요."

"맞습니다, 홀리. 변동을 이해하고 이상한 사태라는 걸 알면 도움이 됩니다. 그러나 내가 걱정하는 것은 전반적인 추세입니다. 비용문제가 점점 나빠진다고 생각이 드는데 어떻게 생각하세요? 1월 이후로는 계속 올라가는 것이 사실이니까요!" 라고 빈스가 말했다.

"네, 그렇습니다. 최근 6개월 중 4개월은 상승하고 있기 때문에 지출이 증가하는 것처럼 보입니다. 그러나 4개월간 보통 때보다 더 비용을 지출한 이유는 다른 데 있는 경우도 있습니다. 변동은 모든 프로세스에 나타나며, 월별로 수치가 변동하는 것도 예상해야 합니다. 반대로, 변동이 없다면 평가척도를 재검토해야 하겠지요."

"알겠어요. 그런데 점검을 해줬으면 하고 바라는 게 있어요" 라고 빈스가 말했다. "만약 비용이 상승된 이유가 있다면 그것을 알 필요가 있으니까요."

"동의합니다. 그것을 조사해서 다음 번 검토에서 결과를 보고하겠습니다." 홀리가 말했다.

심화

3단계　　적절한 목표를 결정하라

"스코어카드와 평가척도에 대해 처음 단계에서 이해하지 못한 것이 있는 듯하군요. 아주 흥미진진한데 계속 살펴봅시다."

홀리는 표 5·3에 나타나 있는 것처럼, 서비스 요청에 대해 제시간에 대응하는 비율의 차트를 보여 주었다.

"우와, 저것 좀 봐." 캐더린이 말했다. "목표에 전혀 가까이 가지 못했네."

"그래서 여러분들에게는 불가능합니다." 리비가 말했다.

"무슨 뜻이에요?" 맥스가 물었다.

"즉, 여러분들의 프로세스로는 불가능하다고 말한 것입니다. 한 번도 목표에 도달한 적이 없기 때문에 목표에 도달할 수 없다는 거지요." 리비가 말했다.

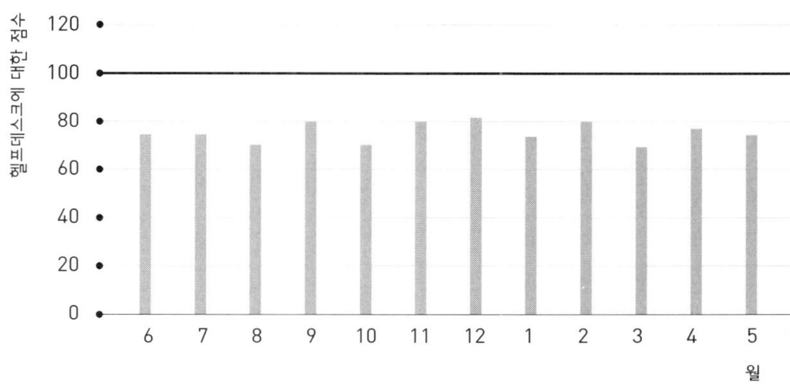

표 5 · 3	서비스 요청 시의 신속성 (시간 내에 대응한 서비스 의뢰 비율)

"맞습니다. 프로세스의 능력과 목표는 관계가 있습니다. 항상 우리가 일괄적으로 목표에 도달한다면, 현재의 프로세스를 동일한 비용과 자원수준에서 운영만 하면 됩니다." 홀리가 말했다.

"알겠어요. 하지만 지금 도달할 수 있는 목표를 세우고 싶지는 않습니다. 목표의 중요점은 뭐지요?" 빈스가 되물었다.

"혹시 설정한 목표를 지금의 프로세스로 달성할 수 없다면 우리의 프로세스 능력을 바꿔야 합니다. 이런 경우에 프로세스를 변경하지 않으면 우리의 프로세스로는 99% 달성할 수 없을 겁니다."

"팀원들이 더 열심히 일하도록 동기를 유발시켜도 목표에 도달할 수 없을까요?" 빈스가 물었다.

"우리 팀원들은 이미 상당히 과로하고 있습니다. 저는 결코 목표에 도달하지 못할까 걱정이 많았습니다. 더 많은 사람들이 필요합니다." 맥스가 말했다.

"만약 그 프로세스에서 목표가 지원되지 않는다면 인원수를 늘려도 개선되지 않습니다. 프로세스 상의 모든 요인들을 조사하여 업무량, 순환주기 등의 다른 요인들이 99% 또는 100% 달성 가능한 범주에 들어 있는지부터 판단할 필요가 있습니다" 라고 홀리가 말했다.

"왜 퍼포먼스 스코어카드가 필요한지 조금 이해가 됩니다." 미구엘이 말했다. "우리 사업에는 우리가 이해하지 못하는 것들이 실로 많이 있군요."

심화

4단계　개선대책 계획을 세워라

그들은 검토를 계속하여 성과에 관한 잘못된 전제나 틀린 정보, 지식의 격차를 밝혀 나갔다. 이런 현상은 퍼포먼스 스코어카드를 처음 만들 때 나타나는 전형적인 모습이다. 그리고 퍼포먼스 스코어카드를 심화할 필요성과 소수핵심평가척도를 통해 성과의 진정한 모습을 그리는 것이 얼마나 중요한가를 나타낸다. 그들은 보다 많은 정보를 입수하여 정의를 명확히 하고, 차트를 다듬기 위한 대책을 세웠다.

"그런데 마치 우리 일을 우리 스스로 없애는 듯한 느낌인데요" 라고 캐더린이 말했다. "우리는 목표를 몇가지 찾아내어 평가척도까지 생각하지 않으면 안될 것 같습니다."

"당연하지만, 우리는 몇몇 영역에서는 애를 쓸 거예요! 무엇을 측정 평가해야 될지도 모르니까요." 앤의 말에 빈스는 끄덕였다. "이 퍼포먼스 스코어카드 덕분에 정말 통감합니다. 이것만으로 오늘은 큰 수확입니다. 2주 후에 다시 만나서 이 점을 다시 한번 검토합시다. 홀리, 차트를 준비해 줘서 고마워요. 다음 달 결과는 보지 못하겠지만 계속해서 차트를 다듬어 주세요. 모두들 고맙습니다. 오늘은 정말 큰 수확이 있는 회합입니다.”

빈스의 사무실로 향할 때, 리비는 빈스의 침묵이 신경쓰여 물었다. “오늘 한 검토내용을 생각하시나요?”

“정말 여러 가지를 배웠소.” 빈스가 감탄한 듯이 말했다. “나는 우리 성과에 대해서 이렇게 혼란이 있었는지 전혀 깨닫지 못했다오.”

“그게 바로 퍼포먼스 스코어카드가 필요한 이유입니다. 전에 회사에서는 밥이 이 단계에서 여러 자문을 해 주어서 순조롭게 진행되었는데 연락해 보시면 어떠세요?”

빈스가 끄덕였다. “그렇게 합시다.”

사무실에 들어오자마자 빈스는 전화를 했다. “밥, 오늘 절실히 느낀 것이 많습니다.”

밥이 웃었다. “얼마나 모르고 있었는지 비로소 깨달았다는 말씀이군요?”

빈스는 미팅 결과와 학습한 내용을 요약해서 전한 뒤 덧붙였다. “다음 회합에서는 목표와 정의를 재검토할 것입니다.”

“빈스, 오늘 여러분들이 발견한 것은 집단으로 퍼포먼스 스코어카드를 검토할 때 나타나는 전형적인 현상입니다. 다음 검토회의 때는 나도 참여해서 학습한 교훈을 정리하고, 평가척도를 좀 더 다듬어서 세분화단계에 들어가면 어떻겠습니까?" 밥이 제안했다.

"그런 도움을 기대하고 있었습니다." 빈스가 웃으면서 대답했다.

2주 후 지난번 검토를 계속하기 위해서 다들 모였다. 빈스는 모두를 환영했고 미팅 목적을 설명했다. 최근의 성과결과들을 재검토하고 지난번 검토에서 배운 대책을 재검토하여, 퍼포먼스 스코어카드를 다듬는다는 내용이었다.

빈스가 말했다. "오늘 검토를 시작하기 전에 나는 우리가 지난번에 얻은 몇 가지 과제들을 요약하는 데 도움을 얻기 위해서 밥에게 부탁했습니다."

그러자 밥이 말을 이었다. "그럼 시작하겠습니다. 여러분들은 처음 퍼포먼스 스코어카드를 검토할 때 많은 것을 통감했다고 들었습니다. 정의, 목표, 평가척도들, 그리고 추세에 관해 혼란이 있었죠? 하지만 그래도 괜찮습니다."

"왜 괜찮다는 겁니까?" 맥스가 물었다.

"왜냐하면 평가척도와 성과이슈들이 표면에 드러났기 때문입니다. 여러분은 지금까지 오래된 평가척도들로 불완전하고 불명확한 것을 관리하려고 노력했습니다. 심화작업을 통해서 모르는 것을 명확히 하고 누가 봐도 알 수 있도록, 그리고 여러분의 사업과 일치하는 퍼포먼스 스코어카드를 개발할 수 있습니다. 그런 과정을 거치고 있기 때문에 괜찮다는 겁니다. 오늘의 검토를 돕기 위해서 몇 가지 체크항목을 가져 왔습니다. 측정의 근원이 될 텐데 여하튼 그것에 맞춰서 검토를 진행하시죠."

“알겠습니다.” 캐더린이 말했다.

밥이 플립차트의 페이지를 넘기고 다음과 같이 적었다.

측정근원 1 : 완벽한 성과개요를 작성하라

“차트를 작성할 때는 참가자들이 쉽게 이해하고 해석하기 쉽도록 해 주세요. 그리고 반드시 다음 항목들을 포함시켜 주세요.” 밥이 플립차트에 덧붙였다.

- 평가척도의 제목
- 적어도 과거 12일간의 자료(일, 주, 월)
- 목표수준
- 통제한계
- 벤치마크 및 최강 경쟁사의 목표
- 계획 목표

“가능하면 색깔을 이용하여 목표라인, 통제라인, 추세라인, 그리고 벤치마크와 같은 주요 형태를 구별해 주십시오.”

“그럼, 각 차트를 체크하면서 점검해 가죠” 라고 홀리가 말했다.

밥은 플립차트를 넘겨 다음과 같이 적었다.

측정근원 2 : 성과개요 미리보기

"검토 팀을 소집하기 전에 차트를 미리 보십시오. 심상치 않은 급상승이나 급하락을 메모하고, 지금 이렇게 쓰는 것과 같은 항목에 대한 질문목록을 나열하십시오." 밥은 플립차트에 적었다.

- 바람직하지 않은 경향
- 통제범위를 넘는 수치
- 다른 피드백 원천에 맞지 않는 수치들
- 이해되지 않는 평가척도들
- 고객 요구기준 또는 성과목표와 일치하지 않는 평가척도들

"질문 사항을 검토하는 회의가 있다는 것을 사람들에게 알려주십시오. 검토 이전에 모든 의문을 해결하려 하지 말고, 개개인이 대답을 준비할 수 있는 기회를 만드세요."

"좋은 말씀입니다. 지난번 회합 때는 못했거든요. 홀리, 다음부터는 회합 전에 미리 보도록 합시다." 빈스가 말했다.

홀리는 동의한다는 뜻으로 끄덕였다.

밥은 다음 페이지를 넘기고 적었다.

측정근원 3 : 적절한 팀을 모으시오

"퍼포먼스 스코어카드를 사용하여 계속적인 개선을 지원하기 위해

서 가장 중요한 요소는 적절한 팀에게 피드백을 제공하는 것입니다. 빈스, 오늘 검토를 위해 우수한 관리자들을 소집해서 기쁩니다. 그렇게 하면 됩니다."

"사장님이나 그 외 중요인물 등, 더 참가시켜야 할 사람은 없습니까?" 빈스가 물었다.

"괜찮습니다. 적절한 팀은 평가척도에 의해서 결정됩니다. 다음 단계로 향상하는 데 영향을 주는 문제들이 드러날 때는 다음 단계의 관리자들이 포함되어야 합니다. 일반적인 규칙에 따르면, 당신 보스에게 영향을 주는 문제가 아니면 참가시킬 필요는 없습니다. 그러나 당신 보스의 퍼포먼스 스코어카드를 검토할 때는 당신도 참가해야 합니다. 그리고 당신의 퍼포먼스 스코어카드가 완성되면 바로 보스에게 보고해야 합니다. 보스는 반드시 당신의 퍼포먼스 스코어카드를 인식한 상태에서 자신의 우선과제와 조정할 필요가 있기 때문입니다. 검토해야 할 참석자를 결정할 때는 다음 규칙을 의식해 주세요." 밥이 다시 플립차트에 적었다.

● 결과의 변화에 영향을 주고 영향을 받는 사람을 관여시켜라.

"그건 중요한 의미가 있다는 거죠" 라고 미구엘이 말했다. "다음에는요?"

밥은 페이지를 넘기고 이렇게 적었다.

측정근원 4 : 목적을 갖고 평가결과들을 재검토하라

"검토시 참가자에게 다음 4 가지를 하게 합니다" 라고 밥이 말하며
다시 플립차트에 적었다.

- 무엇이 측정평가인지 이해하라
- 성과를 기준과 비교하라(즉, 목표, 지난번 성과, 고객기대, 업계 벤치
  마크)
- 정상적 성과에서 벗어난 중요 사항이 있는지 확인하여 특정화하
  고 논의하라
- 좋은 성과는 강화하고 나쁜 성과는 조사하여 대책을 명확히 하라

"그건 제가 차트를 준비할 때 의식하고 있었던 것입니다." 홀리가
말했다.
"잘했어요." 밥은 다음 페이지를 넘기면서 말했다.

측정근원 5 : 수치의 정당성을 확인하기

"좋습니다. 흥미롭게 들리는데 어디 한번 시작해 봅시다" 라고 맥스
가 말했다.
"여러분은 사실에 의거하여 관리하고 싶어할지 모르지만, 직감과
상식도 크게 활용해 주십시오"라고 밥이 말했다. "한 영역의 성과가 좋
지 않은데 수치가 증가하고 있다면 그 수치가 올바른 것인지 아닌지

확인하십시오. 수치가 잘못되어 있다면 다음 질문을 확인하세요.”

- 계산에 올바른 정보가 포함되어 있습니까?
- 수치가 정확하게 계산되었습니까?
- 데이터는 그래프에 나타난 성과기간이 맞습니까?
- 수치가 한 기간에서 다른 기간까지 일관되게 계산되어 보고되고 있습니까?
- 지난 기수의 수치는 올바른 값을 가졌습니까?

“그럼, 수치가 나타날 때마다 매번 이런 질문을 하나요?” 라고 앤이 물었다.

“성과는 기본적으로 변화가 없는데 수치계산이나 보고방법에 의해서 결과가 바뀔 수 있다는 것을 염두에 두면 좋겠습니다. 특히 심화단계 초기에는 주의를 소홀히 하기 때문입니다” 라고 밥이 말했다. 그는 다음 페이지로 넘기고 적었다.

측정근원 6 : 비정상적인 추세와 성과에 대해서 논하시오

“추세에 관한 정의도 여러 가지입니다만, 진정한 통계적 정의는 직장의 평가척도에 따라 엄격합니다. 연속된 일렬 방향에서 위아래로 움직이는 2개의 데이터 점들이 있어도 추세로는 인정하지 않습니다. 여기에 유용한 규칙이 있습니다.” 밥은 이렇게 말하며 플립차트 위에 적었다.

● 추세는 평균값 위 또는 아래에 있는 6개의 연속된 점들로 구성된다.
● 평균 위(또는 아래)에 연속된 3개 점들이 있어도 확실한 추세라고
단정하기 어렵다. 그러나 시스템을 점검하라는 경고이다.

"실제로 라인에서 6개의 성과가 연속적으로 하강한 것을 관리자들에게 보고한 후에 대책 요구가 나온 적은 좀처럼 없습니다" 라고 밥이 말했다.

"맞습니다." 앤은 빈스를 보면서 동의했다.

"다음 데이터 점까지 추세가 있는지 없는지 모르는 상황은 없겠지만, 2 또는 심지어 3개의 연속적인 추세를 보아도 극적인 저하가 있지 않는 한은 당황하지 마세요" 라고 밥이 말했다. "증거가 없는 어떤 추세의 경우도 조급하게 행동하지 말고 경험적 규칙과 상식을 사용하세요. 설명할 수 없는 큰 변화가 있을 경우만 확실하게 조사해 보는 겁니다."

"우리 보스는 당황해서 조사를 하거나 조급한 행동은 하지 않을 겁니다" 라고 캐더린이 말하자 빈스를 포함해서 모두가 웃었다.

"마찬가지로 결과를 개선하고자 노력하는데도 평가수치가 움직이지 않는다면, 다음과 같은 의문을 가져보세요." 밥이 플립차트 위에 적었다.

● 개선을 위한 구상이 성숙되기 위해서는 좀 더 시간이 필요합니까?
● 그 구상은 잘 정의되고 운용되고 있습니까?
● 개선노력들이 올바른 평가척도와 연결되어 있습니까?

"다음 항목입니다." 밥이 페이지를 넘겨 쓰면서 말했다.

측정근원 7 : 적절한 행동을 부여하라

밥은 항목 밑에 이 목록들을 적었다.

- 대책은 구체적으로 행동할 수 있어야 한다
- 대책은 탁상공론으로 끝나는 것이 아니라 실천해야만 한다
- 대책은 평가척도와 연관되어야 한다
- 대책은 팔로우업*follow-up*이 있어야만 한다

"감당할 수 있는 결과인지 판단할 필요가 있다는 점을 누군가 제안한다면, 모든 검토 팀의 구성원들은 감당할 수 없다는 해석을 각각 다르게 할 것입니다. 그보다는, 특정한 구성원에게 가장 최근의 결과를 지난 4분기 평균과 비교해서 다음 검토에서 보고하라고 하고, 그 대책에 누구를 관여시킬 것인가 생각하십시오. 누가 영향을 받은 사람들에게 전달할 건가요? 성과를 개선시키기 위해서 사람들이 어떻게 할 것을 기대하고 있습니까? 그들은 브리핑, 훈련, 또는 인센티브 같은 자극을 필요로 합니까? 올바른 사람이 대책을 실행해야 한다고 인식하도록 확실하게 하십시오. 다음은 그 대책 결과 어떤 평가척도가 변화할 것인지를 예측함으로써 행동과 평가척도에 대한 여러분의 가설을 검증하십시오. 평가척도의 변화는 어느 정도인지, 언제부터 그 변화는 시작되었는지 말입니다."

그리고 이렇게 결론 지었다. "마지막으로, 검토하는 동안 기록한 것을 회합 후 참가자에게 배포하세요. 그리고 어떤 행동이 할당됐는지 부각시키십시오. 다음 회합 시, 종결을 위해서 팔로우업 대책들을 평가하는 겁니다."

"아주 좋은 조언이군요" 라고 빈스가 말했다. "밥, 우리가 검토할 때 참조가 되도록 그 플립차트를 회의실 벽에 붙여주시겠습니까? 그리고 리비, 끝나거든 기록을 남기기 위해 타이프로 쳐 주게나."

"알겠습니다." 밥이 종이들을 벽에 붙이기 시작했다.

"나는 이제 시작할 준비가 되어 있다고 확신합니다." 빈스가 말했다. "홀리, 첫 번째 차트를 좀 보여주세요."

홀리는 고객만족에 대한 차트부터 시작했다. 그들은 복수의 평가척도들을 어떻게 결합시킬 것인가에 대한 이전의 이슈들을 끄집어 냈다. 현재 사용하고 있는 3개의 평가척도들에 대한 설명이 끝나자 밥은 다음 회합까지 어떻게 평가척도들을 결합할 것인지 보여주겠다고 약속했다.

그들은 밥의 제안에 근거하여 개선할 영역을 나열하면서 차트를 계속 살펴 보았다. 홀리는 표 5 · 4에 나타난 재작업을 요구하는 서비스 비율 결과를 보여 주었다.

"재작업을 요구하는 서비스 비율이 지난달부터 5% 이하로 떨어졌어요. 6개월 동안 최고의 수치입니다" 라고 홀리가 설명했다.

"우리의 목표는 어땠지요?" 캐더린이 물었다. "만약 목표가 5%라면 잘한 편입니다만, 1%가 목표라면 아직도 멀었다는 얘기가 되죠."

"목표는 0%입니다" 라고 빈스가 말했다. "어떤 재작업도 안됩니다."

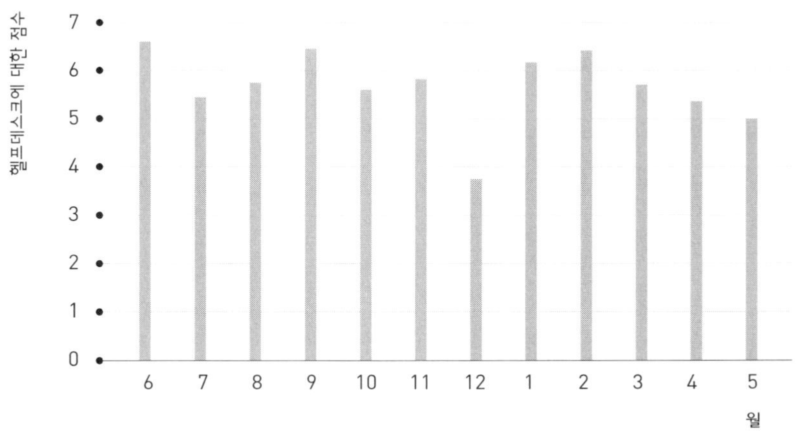

표 5·4	재작업을 요구하는 서비스 비율

그러자 맥스가 말했다. "원하신다면 제로로 목표를 세울 수도 있지만 우리에게는 그러한 능력이 없습니다. 지난번 능력에 관한 토의를 기억하십니까? 대충 세운 목표는 이익보다 오히려 해가 될 수 있습니다."

"맥스 말이 맞아요. 목표설정은 평가척도나 퍼포먼스 스코어카드를 사용하는 데 있어 아마도 가장 어려운 것 중 하나입니다. 목표를 결정할 때 이용할 수 있는 정보원천을 깊게 생각해야 합니다." 밥이 이렇게 말하면서 플립차트에 목표를 정하는 4가지 원천을 나열했다.

- 과거의 성과와 프로세스 능력과 관련된 통계
- 고객의 요구사항들
- 업계 벤치마크와 경쟁 평가들
- 기업의 기대

"각각의 원천을 보고 올바른 것을 어떻게 선택할지 결정하세요. 첫 번째 방법은 과거의 성과를 차트로 만드는 겁니다. 과거의 자료를 토대로 적절한 목표를 세울 수 있죠. 과거의 성과를 토대로 세울 수 있는 4개의 목표 유형이 있습니다."

1. 모든 결과는 과거의 평균치 이상이어야 한다
2. 모든 결과는 과거의 평균치 이하여야 한다
3. 평균결과는 과거의 평균치 이상이어야 한다
4. 평균결과는 과거의 평균치 이하여야 한다

"여기에서는 재작업 결과에 대한 평균만 고려했지만, 그 외에도 생각할 수있는 통계적 결과가 있을 수 있습니다. 예를 들어 상한 무제한 또는 하한의 통제범위 등입니다. 그러나 설명을 위해서 좀 더 간단하게 해 둡시다. 재작업을 요구하는 서비스 비율에 대해, 두 번째 유형의 목표를 생각하면 좋습니다. 반면, 작년 평균보다 올해 평균 결과가 더 좋기를 바란다면, 네 번째 유형의 목표을 세우면 좋겠죠. 고객 또는 시장이 요구하는 정보가 많지 않더라도 통계적 목표설정은 가능합니다. 또한 통계적 목표는 상세한 프로세스 수준에서도 자주 사용됩니다."

빈스가 물었다. "만약 고객들이 통계적인 것에 관심이 없고 재작업을 줄이라고만 하면 어떻게 하죠? 사실상 고객들은 제로의 재작업률을 기대합니다. 그럴 때 어떻게 목표를 설정합니까?"

"대부분의 경우 목표는 고객들에 의해서 정해집니다. 그것이 두 번째 정보원천입니다. 이럴 땐 고객과 함께 목표을 분명하게 해야 하는데 최소한의 기대수준인지, 평균수준인지, 기대되는 높은 수준의 성과목표인지 확실히 해야 한다는 거죠. 고객이 요구하는 목표를 과거의 성과와 대비하면서, 목표로 한 수준들을 달성하고 유지할 수 있는지 결정하지 않으면 안됩니다. 고객이 요구하는 목표에 대응하는 것은 의미가 있습니다. 그러나 만약 고객이 아무것도 모르거나, 우리가 경쟁자들보다 더 우위에 서고 싶을 때는 어떻게 해야 되죠?” 라고 앤이 물었다.

“중요한 질문입니다. 그것이 목표를 결정하는 세 번째 방법입니다. 경쟁자들을 따라잡거나 뛰어넘기 위해서는 때때로 업계주도형의 목표가 요구되는 경우도 있습니다.” 밥이 대답했다.

“다 좋은 말입니다만, 우리 부서의 목표는 과연 뭘 근거로 할지 토의합시다” 라고 빈스가 말하자 모두가 일제히 그를 바라보았다. “내 보스인 쟌 라슨 사장님에게는 본사에서 넘어오는 많은 목표들이 있는데, 특히 재정적인 것들이 많아요.”

“빈스, 네 번째 정보원천에 대한 실마리를 주어 고맙습니다” 라고 밥이 말했다. "정보원천이 무엇이든 간에 과거의 성과와 기대되는 새로운 수준의 성과의 차이를 확실하게 해야 합니다."

"그래서 더욱 좋은 퍼포먼스 스코어카드가 필요한 거군요!" 라고 미구엘이 말했다. "그런데, 우리 스코어카드의 평가척도 목표는 무엇입니까?"

빈스는 화이트보드가 있는 쪽으로 가서 표 5·5에 나타난 고객서비스에 관한 중요한 평가척도들을 적으면서 설명하기 시작했다.

목표	측정	목표
고객만족 10% 향상하기	고객만족 평가	구체적인 평가척도를 명확히 할 필요가 있다
연도 말까지 10% 수입과 이익 향상하기	부문 수입 부문 이익	500만$ 100만$
연도 말까지 고객에 대한 서비스 10% 개선하기	정시에 완료된 서비스 요구 비율	구체적인 평가척도를 명확히 할 필요가 있다
	재작업을 필요로 하는 서비스 요청 비율	구체적인 평가척도를 명확히 할 필요가 있다
상반기까지 서비스 품질비용 10% 낮추기	서비스센터 비용	400만$

표 5·5	솔브넷 사 고객서비스 부문의 수치목표

"우리는 우리의 재무적 목표가 있습니다. 홀리, 그 평균치를 계산해서 과거의 통계수치를 토대로 고객 서비스 평가목표를 산출해 줄 수 있나요? 과거의 성과에 기초해서 무엇을 기대해야 하는지 모두가 알

아 주었으면 합니다.”

홀리는 끄덕였다.

“좋습니다.” 밥이 말했다. “당신은 정확히 자신의 입장을 이해하고 적절한 조치를 하면서 스코어카드를 만들고 있습니다. 마지막으로 수직과 수평적 연결을 체크하는 것을 잊지 마시기 바랍니다.”

“그건 다음 단계에서 생각하고 있었는데 어떻게 해야 합니까, 밥?” 빈스가 물었다.

“수직적 연결을 강화하기 위해서 당신의 목표와 평가척도를 당신 조직의 위아래 팀들과 공유하십시요. 당신의 목표 및 평가척도와 당신 보스의 목표와 평가척도 사이의 연결과 일관성을 체크하시기 바랍니다. 일관된 평가척도를 원할지 모르지만 스코어카드는 모든 수준에서 동일한 평가척도를 가진다는 의미가 아닙니다. 당신의 보스가 상세한 내용의 평가척도를 살피지 않고, 일선 팀원들도 전략적 수준인 큰 틀의 평가척도를 기초로 업무수행을 하지 않도록 주의하십시요. 주요 성과영역에 맞춰 자신의 스코어카드 평가척도를 분류해야 하는데 주요 성과영역에 대한 평가척도가 있는지 생각해 보십시요.”

“잘 알겠습니다. 평가척도는 없지만 주요 성과영역이 한 가지 있다는 걸 알았기 때문에 시정조치했습니다.” 캐더린이 대답했다.

“훌륭합니다!” 밥이 감탄했다. “이번 건으로 여러분들은 정말 성장한 것 같습니다. 또한 평가척도들이 여러분의 보스에 의해서 할당되거나 지위에 할당된 책임과도 적합한지 체크하십시요. 만약 주요 성과영역들과 맞지 않는 평가척도가 있다면 그것을 없애고, 주요 성과 영역을 재점검하거나 본인의 책임에 대해 상사와 함께 검토해 주십시요.”

“수직적 연결의 체크방법은 알겠습니다. 수평적 연결은 어떻게 하죠?” 라고 빈스가 물었다.

“여러분의 퍼포먼스 스코어카드는 사업결과를 도출하는 프로세스를 처음부터 끝까지 볼 수 있어야 합니다. 여러분 팀에서 무슨 일이 일어나고, 업무를 어떻게 수행하고, 무엇이 창출되어야 하는지를 광범위하게 볼 필요가 있습니다. 고객의 요구 실현을 위해서 전체 업무프로세스를 하나의 선으로 볼 필요가 있는 거지요.”

“예를 들어 정시에 서비스 주문이 완료되었는지, 재작업률이 얼마인지를 살펴보는 평가척도 말입니까? 이런 것들이 처음부터 끝까지 바르게 볼 수 있도록 해 줄까요?” 빈스가 물었다.

“우선은 그것이 출발선입니다. 업무프로세스 속에서 당신과 부하들이 좀 더 발전된 평가척도를 만들어 가다보면 더 좋은 것들이 나올 겁니다. 수평적 연결을 강화하기 위해서는 주요 고객과 공급자들과 본인들의 팀 목적, 목표, 그리고 평가척도들에 대해 의논하세요. 그들에게 어떤 목적이 있는지 묻고, 당신의 목표와 그들의 목표가 맞지 않는 부분을 찾아보세요. 당신이 주도적인 역할을 하면 그들은 기뻐할 것이고, 더욱이 고객의 기대에 부응하는 것이므로 당신 팀의 업무 수행도 보다 용이해질 것입니다.”

"정말 좋은 말을 들었습니다." 빈스가 말했다.

도움에 감사해 하며 모두가 호의적으로 반응했고, 2주일 후 새 달의 새 자료로 다음 검토모임을 갖자는 데 동의했다.

회의가 끝난 후 빈스는 혼자 사무실에 조용히 앉아서 잠시 생각에 잠겼다. 몇 분 후 그의 얼굴에는 웃음이 번지더니 전화기를 들고 보스인 쟌 라슨 사장과 면담 약속을 했다. 그는 너일 퍼포먼스 스코어카드를 보여주면서 수직적 연결에 대해 얘기할 생각이었다.

요약

심화단계에서는 아래 차트에 요약된 단계를 완성함으로써 퍼포먼스 스코어카드를 이용하고 개선해 간다

- 과거의 자료를 나열하고 분석한다
- 결과에 영향을 받는 사람들과 함께 성과를 검토한다
- 요구사항과 시스템 가능성에 기초를 둔 목표를 결정한다
- 결과에 근거하여 개선 대책을 실행한다

다른 퍼포먼스 스코어카드에 대한 연결은 이 단계에서 보다 명확해 진다. 상하레벨과 사업 전반에 걸친 수평적 관계를 더 잘 볼 수 있는 라인이 생긴다. 자신의 퍼포먼스 스코어카드의 평가척도를 정교하게 하고 소수의 핵심평가척도로 정착됨에 따라 세분화단계를 설정하게 된다. 세분화단계에서는 최일선 퍼포먼스 스코어카드의 평가척도를

명확히 하고, 전략적 목표와 최일선의 프로세스 평가척도 사이의 관계를 강화하여 자기가 속한 작업팀의 이익에 연결시켜 나간다.

단계	스텝	결과
퍼포먼스 스코어카드 매니지먼트 사이클 ① 수집 ② 작성 ③ 심화 ④ 세분화 ⑤ 연결 ⑥ 확인 3단계 : 심화	1.역사적인 자료를 수집, 제시, 분석하라	• 성과 재검토를 위한 시간이 단축되어 효율성이 높아진다
	2.성과를 측정하라	• 퍼포먼스 스코어카드의 평가척도에 적절하고 도전 가치가 있는 수치목표가 생긴다
	3.적절한 목표를 결정하라	
	4.개선대책 계획을 세워라	• 구체적이며 측정가능한 개선책을 마련할 수 있다
	5.수평적·수직적 연결을 강화하라	• 퍼포먼스 스코어카드 간의 연결이 강화된다

APQC 측정사례 연구 발췌

베카에르트 UBISA의 성과측정 평가는 하룻밤 사이의 성공이야기가 아니라 진화의 이야기이다. 하나의 혁명, 즉 기업이 비용을 낮추고 종업원들을 참여시키고 긍정적 결과를 달성한 아이디어와 관행의 진화였다. 스페인 버고스*Burgos*에 본부를 두고 타이어 강화를 위해서 구슬선과 타이어줄을 생산하는 이 기업은, 16년 전 실적부진을 계기로 진보를 꾀하고 긍정적인 변화에 영향을 줄 수 있는 좀 더 나은 방법을 계속해서 모색해 왔다.

전반적인 목표는, 벨기에에 본사를 두고 23개국 68개 공장과 17,000명의 종업원을 보유한 베카에르트 그룹의 산하로 작년도 6천만불의 매출액과 368명의 종업원이 있는 베카에르트 UBISA를 발전시키는 것이었다. 그 목표는 UBISA의 사명을 발전지표로 본사의 사명과 연결시킨 결과 달성할 수 있었다.

UBISA그룹 내 12개 소회사들의 주요 생산, 지원, 관리기능을 대표하는 분권화된 단위들은, 평가척도를 사용해서 전략을 발전시켜 지속적인 품질개선을 촉진한다. 성과지표들은 항상 베카에르트의 핵심영역 (품질, 비용, 출하, 안정성, 그리고 의욕)과 연결되어 있다.

UBISA성과측정 시스템의 핵심영역은 3개 범주로 나누어진다. 바로 고객, 비용, 사람이다. 3개 범주의 성과에 도달하기 위해 각각의 소회사들은 목표를 상세히 설명하는 퍼포먼스 스코어카드를 발전시키고

범주를 위한 지표들을 향상시켰다. 각각의 발전지표가 되는 수치목표
가 정해지면, 그 목표가 달성될 수 있도록 행동계획들이 수립되었다.
예를 들면, 고객범주는 3개의 목표가 있다

●고객의 클레임을 줄여라
●정시배달 회수를 개선하라
●고객과의 협력을 강화하라

각각의 목표에 상응하는 평가척도들도 세워졌다. 고객의 클레임을
줄이기 위한 개선지표는 '거절 당한 건수'로 알 수 있었다. 정시배달
의 개선지표는 '납품이 지연된 제품비율'이었다. 고객과의 협력은
'공동 프로젝트의 건수'로 검증된다.

유사한 목표들과 발전지표들은 비용과 인적 자원의 범주 내에서도
설정되었다. 비용범주 내에서 목표들은 현금비용, 내부결함비용, 프
로세스분열, 그리고 기계효율성에 대한 목표가 설정되었다. 상응하는
발전지표들은 다음을 포함한다.

●현금비용 감소비율 — 실제 현금비용(월간, 오늘까지의 연간 금액)
　을 작년 수치와 비교
●내부결함 비용에 대한 비용/톤 — 폐기물비용과 재작업 시간에
　대한 지표
●프로세스 분열에 대한 톤당 파손수
　표준생산량 비율 — 정해진 표준치와 비교한 기계의 효율성 지표

사람의 범주에서, 목표와 각각의 발전지표(괄호 속)는 다음과 같다.

- 사고(사고 건수)
- 상습적 결근(결근률)
- 공장 내 개선(벤치마킹 방법에 따른 개선 건수, 실패형태, 효과성 분석, 그리고 '7가지 기법')
- 역량관리의 개발(3개 직위에서 발전된 역량단계의 개선 건수 프로세스 엔지니어, 감독자, 그리고 일선 담당자)

퍼포먼스 스코어카드의 11개 목표들은 체계적으로 평가되고 검토된다. 모든 목표들은 최고, 상, 정상, 하, 수용불가능의 5단계 평가로 설정된다. UBISA에 따르면, 성과를 평가하는 당사의 측정시스템을 성공적으로 실행하는 데 가장 크게 기여한 요소들은 다음과 같다.

- 명확한 사명과 비전을 가지고 시작한다
- 사실과 수치에 근거해서 의사를 결정한다
- 의사결정 주기에 맞추기 위해서 평가척도를 최신화하고, 자료는 시기적절하고 정확해야 한다
- 빠른 반응을 위해서는 결과지표와 체크포인트 지표를 균형있게 한다
- 개인의 성과계획을 소회사 결과들과 연결시킨다
- 실행하는 동안 방법론에 따른 지침을 갖는다

- 평가척도나 문제점, 팔로우업을 전달하기 위해 가시적인 스토리보드와 디스플레이를 활용한다
- 평가척도를 정확하게 사용하기 위해서는 그와 관련된 새로운 기술에 대해서 모든 종업원을 훈련시킨다

변동지표에서 이탈한 것에 대해서는 긴급하고 신속한 팔로우업으로 빠르게 대응한다.

결과적으로 UBISA는 조직에서 지식의 창출과 프로세스 통제를 실현했다. 이로 인해 문제들에 대해 좀 더 빠른 대응과 의사결정을 낳았을 뿐 아니라 생산자료와 비용자료의 통합으로 운영에 관해 보다 깊이 이해하게 되었다.

《Innovative Measurement Systems a Way of Life at Bekaert UBISA,》 by Craig Henderson; *Measurement in Practice Issue 12*, Houston, TX: American Productivity & Quality. Center (APQC) © 1997 . Reprinted with Permission. Contact APQC for full text.

Cascade Your Scorecard

스코어카드의 세분화

이번 장에서 빈스는 그의 관리자들에게 퍼포먼스 스코어카드의 평가척도를 세분화하는 방법을 배운다. 또한 세분화 프로세스를 응용하면서 관리자들이 팀의 전반적 성과에 어떻게 기여할 것인지, 발전과 기여도가 어떻게 퍼포먼스 스코어카드로 검증되는지 알게 되었다. 그리고 관리자들의 기여도 집합이 자신의 스코어카드에 영향을 준다는 것도 이해했다. 빈스는 다른 관리자들도 이처럼 소수핵심평가척도의 중요성을 인식하고 퍼포먼스 스코어카드를 모방하여 적용시키고자 할 것이라고 생각했다. 관리자들 사이에서도 결과에 대한 책임의식이 향상되고, 몇가지 영역 내에서 결과도 향상되었음을 이해한다.

　빈스 팀은 퍼포먼스 스코어카드를 2달 동안 검토한 후 측정에 관한 정의와 변동에 관련된 다양한 이슈들을 다루었다. 그들은 빈스의 수준에서 평가척도에 대한 이해도와 가시성이 높다는 것을 느낄 수 있었다. 그들은 빈스의 퍼포먼스 스코어카드를 자신들의 평가척도에 세분화하기 위한 준비가 되어 있었다.

세분화

단계　1. 세분화되는 다음 단계의 스코어카드 평가척도를 결정하라
　　　2. 세분화된 평가척도가 적정 레벨에 있다는 것을 입증하라
　　　3. 연결과 일관성을 확립하고 확인하라
　　　4. 목표치를 명확히 하라
　　　5. 필요에 따라 요약 평가척도를 설정하라
　　　6. 결과 수집, 보고, 재검토를 위한 절차를 재배열하라

　빈스와 그의 부하들은 퍼포먼스 스코어카드에 대한 평가척도들을 논의하기 위해서 모였다. 밥은 관리자들이 각각의 평가척도를 특정화할 수 있도록 자료를 제공해 주었고, 다음 단계로 인도해 간다.

　"세분화단계에서 관리자들의 퍼포먼스 스코어카드의 각종 평가척도들이 팀의 전반적 성공에 어떻게 기여하는지 알 수 있었습니다" 라고 밥이 설명했다. "다시 한 번 우리는 책임감과 피드백을 위한 올바른 소수핵심평가척도들을 우리의 퍼포먼스 스코어카드에 기록해야 합니다. 작업표를 완성하기 위해서는 각각의 관리자들이 사업목적을 검토하고, 우리가 첫 단계에서 한 것처럼 적절한 평가척도들을 결정해야 합니다.

여러분들은 각각 퍼포먼스 스코어카드의 초안을 리비에게 제출하셨
고, 리비는 초안을 편집해서 오늘 검토하기 위해 가져왔습니다."

모두들 고개를 끄덕였다.

"초안을 한번 보도록 합시다."

리비는 초안 뭉치를 전원에게 건네주었다. 헬프 데스크 관리자인 캐
더린 밀러의 초안은 표 6 · 1에 나타나 있다.

<table>
<tr><td>세분화</td></tr>
<tr><td>1 단계　세분화되는 다음 단계의 스코어카드 평가척도를 결정하라</td></tr>
</table>

"캐더린, 괜찮다면, 당신의 초안을 먼저 검토해도 될까요?" 라고 밥
이 말했다.

"괜찮습니다. 실험재료가 되겠죠" 라고 캐더린이 대답하면서 평가
척도들의 근거에 대해 설명했다.

"사업목표가 있으니까, 수입과 이익에 대해서도 평가척도들이 있어
야 하지 않습니까?" 라고 미구엘이 물었다.

"저도 그렇게 생각합니다만, 어떤 평가척도가 좋은지 알 수 없었습
니다. 밥, 헬프 데스크는 수입과 이익을 갖고 있지 않은데, 이것은 일
반적으로 어떤 식으로 처리합니까?"

"더 이상 나눌 수 없는 재무에 관한 평가척도에 대해서는 일반적으로
부서 수준의 평가척도를 개별 관리자들의 스코어카드에 기록합니다.
각각의 관리자가 얼마나 많은 기여를 했는지 판단하기 어려운 경우도

있습니다만, 모든 관리자들이 기여하고 있다는 것은 알고 있습니다. 따라서 이렇게 함으로써 모든 관리자들은 팀의 목표에 대해 책임감, 존재감을 갖게 됩니다. 리비, 이전 회사에서는 어떻게 관리했습니까?”

“밥이 말한 방식대로 했습니다. 그때 제 상사도 이 문제로 고심하면서 수입과 이익, 그리고 경우에 따라 고객만족과 같은 평가척도로 더 이상 나눌 수 없는 것이 있다고 판단한 것으로 기억합니다.”

“알겠습니다. 모든 사람들이 동일하게 한다면 저도 퍼포먼스 스코어카드에 부서의 수입과 이익을 기록할 것입니다. 모두 10% 개선에 기여하는 거죠?” 캐더린이 말했고, 모든 사람들이 동의했다.

“전 헬프 데스크의 평균 전화시간에 의아심을 갖고 있습니다. 왜 그게 서비스 질과 연결되는거죠?” 앤이 물었다.

“그건 제가 항상 감시하는 평가척도입니다. 우리는 매년 효율성을 위해서 시간을 단축하는 게 좋은지 아니면 시간을 길게 해서 서비스를 향상시키기는 게 좋은지 논의합니다. 어느 쪽이 좋은지는 모르지만 항상 지켜보고 있는 건 사실입니다.” 캐더린이 말했다.

“당신의 퍼포먼스 스코어카드에서 그것을 추적하지 않는 것은 어떻습니까?” 라고 미구엘이 물었다. “전화 시간이 너무 길어진다면 당신의 부하인 서비스 전문가나 감독자에게 피드백으로 유용하지만 그걸 어떻게 관리하실 거죠?”

캐더린은 잠시 생각하고 나서 대답했다. “난 기꺼이 그렇게 하려고 시도하고 있습니다. 그러나 결과는 어떻게 해야할지 잘 모르겠습니다.”

“소수핵심평가척도의 의미를 이해한 것처럼 들립니다.” 밥이 말했다. “여러분의 평가척도들이 적절한 것인지 어디 한번 보도록 합시다.”

팀의 목적	팀의 평가척도	캐서린의 목적	캐서린의 평가척도
고객만족도 10% 증가하기	고객만족도 점수	고객만족도 10% 증가	고객의 헬프 데스크 점수
연도 말까지의 수입과 수익의 10% 증가 달성	• 부서 수입 • 부서 수익	연도 말까지 수입과 수익의 10%를 달성	없음
연도 말까지 고객에 대한 서비스 질을 10% 향상시킨다	• 시간 내에 완료한 서비스 요청비율 • 재작업 요구 서비스 요청비율	연도 말까지 고객에 대한 서비스 품질을 10% 개선한다	• 재작업을 요구하는 헬프 데스크의 서비스 요청비율 • 헬스 데스크에 대한 서비스 요청을 단념한 경우 • 첫 번째 종료된 헬프 데스크에 대한 서비스 요청비율 • 헬프 데스크에 통화한 평균시간
상반기까기 서비스 질에 관련된 비용을 10% 삭감한다	서비스센터의 지출	상반기끼지 서비스 질에 관련된 비용을 10% 삭감한다	• 헬프 데스크 지출 • 사원 1인당 헬프 데스크 지출
90일 내에 니즈 분석 완료	필요성이 인정된 스킬 건수	90일 내에 헬프 데스크 담당자의 니즈 분석 완료	필요성이 인정된 스킬 건수

표 6 · 1	헬프 데스크 매니저의 워크시트 초안

“무슨 뜻이죠?” 앤이 물었다.

“대부분의 관리자들은 너무나 많은 항목들을 측정평가하고 있어 성과를 알 수 있는 자료인 소수핵심평가척도를 불분명하게 만들고 있습니다” 라고 밥이 설명했다. “이 문제를 피하기 위해 여러분의 퍼포먼스 스코어카드에는 여러분의 조직 수준에서 적절한 평가척도가 포함되어 있는지의 여부를 판정하는 것입니다.”

세분화

2단계 세분화된 평가척도가 적정 레벨에 있다는 것을 입증하라

밥은 표 6 · 2에 나타난 그림의 복사본을 배부하고, 평가척도의 수준은 M1, M2, M3, M4 등의 용어에 의해서 정의하거나 M5 또는 M6라는 말로도 정의할 수 있다고 설명했다.

밥의 설명이 계속되었다. “M1평가척도들은 회사 수준의 평가척도들입니다. 이것은 다양한 영역, 범주, 또는 사업단위들의 성과를 요약하여 상위계층의 관리자들에게 제공해 줍니다. 예를 들면, 여러 사업부 단위에서 종합된 회사 비용들은 재무적 성과에 대한 것이 M1평가척도입니다. 사업부 단위의 비용 총액이 M2평가척도로 표시됩니다.”

“그래서 제 보스는 대부분 M1평가척도를 이용하는 거로군요” 라고 빈스가 말했다.

“그렇습니다. 그래서 당신은 대부분 M2평가척도를 갖게 되는 거지요. M2평가척도들은 프로세스 결과에서 발생하는 프로세스 종료의

평가척도들입니다. 또 M2평가척도들은 외부고객들에게 서비스를 제공하는 여러 집단의 교차기능 프로세스와도 관련되어 있습니다. 전형적으로 M2평가척도들은 M3평가척도들의 결합체입니다."

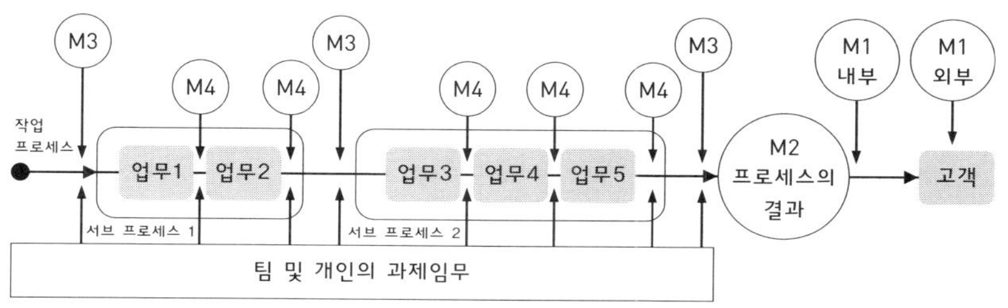

표 6·2	조직레벨에 따라 달라지는 평가척도

그러자 앤이 물었다. "그럼 M2평가척도들은 프로세스 종료 평가척도로서, 예를 들어 외부고객만족, 전체 재작업률, 전체 주기시간 등과 같은 것들인가요?"

밥은 씽긋 웃었다. "대단하십니다! M3평가척도들은 하위 프로세스의 평가척도들입니다. M3평가척도들은 교차기능 프로세스의 일부에 적용될 수 있는 하위 프로세스의 결과물로부터 발생합니다. M3평가척도들은 프로세스 입구에 대한 통찰력을 제공해줄 수 있습니다. 거기에 도달하는 데 얼마나 걸리고, 도달하기 위해서는 얼마나 많은 비

용이 들었는지, 다음 단계까지 도달하기 위해 얼마나 많은 오류를 수
정했는지를 알 수 있지요. 전형적으로 M3평가척도들은 당신처럼 큰
프로세스의 일부에 대해서 책임이 있는 관리자가 활용합니다. M3평
가척도들의 예는 고객의 요구에서 서비스 요청완료까지 걸린 시간입
니다. 여러분들도 예상하시겠지만 M3평가척도들은 M4평가척도들이
결합된 결과입니다."

그때 미구엘이 끼어 들었다. "제가 추측하건데, M4평가척도들은
M3평가척도들의 부분을 모은 것으로 업무프로세스의 단편들을 측정
하는 것 같은데요?"

"당신은 이미 요령을 터득하고 있군요. M4평가척도들은 직능적이
거나 또는 업무단계의 평가척도들입니다. 프로세스상의 활동이나, 관
리자 또는 감독자로부터 발생하는 결과를 반영합니다. 그러므로 이것
들은 실질적인 평가척도이며, 팀이 그날그날의 업무를 순조롭게 진행
시키는 데 사용됩니다. 고객의 요청에서 기술자 파견의 주기 시간은
M4평가척도들입니다. 또는, 기술자 파견과 서비스 주문 완성까지의
시간은 M4평가척도입니다. M5와 M6의 평가척도에 따라 M4평가척도
를 상세히 알고, 근본적인 원인분석과 더욱 상세한 분류자료의 근거가
되는 거죠. 예를 들면 고객의 요구로부터 기술자 파견까지의 평균시
간인 M4평가척도는, 주문의 발주 주기나 주문을 필요로 하지 않는 발
주 주기에 대해 M5평가척도가 포함됩니다" 라고 밥이 설명했다.

"관리자가 보통 M4와 M5평가척도들을 추적할 일은 없겠지만 M3평
가척도들이 잘못되고 있다는 것을 안 경우, 문제를 분석하기 위해서
M5결과를 요구할 수 있습니까?" 맥스가 물었다.

“맞습니다, 맥스”라고 밥이 말했다. “보통 당신의 작업집단은 상세한 것들을 검증합니다. 사실들이 적절하게 세분화될 때, 작업집단의 구성원들은 그들의 결과가 당신의 결과에 영향을 미침을 알고 있습니다. 그래서 작업집단들은 미리 대비하여 결과를 검증하고, 더욱 좋은 결과를 나타내게 됩니다. 한 단계 밑의 계층으로 내려가면, M6평가척도는 수정되어야 할 시스템 오류가 포함되어 있을 수도 있습니다. 업무운영 수준에서 상세한 점을 추적하여 잘못된 것에 대한 적절한 예방조치나 수정조치를 할 수 있는 거지요.” 밥은 잠시 생각하고 모두를 둘러 보았다.

“그래서 어쩌라는 얘기죠?” 앤의 물음에 모두 웃음을 터뜨렸다.

“그런 질문을 할 줄 알았습니다. 캐더린의 평가척도를 관리자 수준에서 적합한 것인지 판단하기 위해 목록을 다시 한번 검토해 봅시다.”

모든 사람이 살펴본 캐더린의 목록은 아래와 같았다.

- 고객들의 헬프 데스크 평가
- 고객서비스 부서의 수입
- 고객서비스 부서의 순이익
- 재작업을 필요로 하는 헬프 데스크 서비스 요청비율
- 헬프 데스크 서비스 의뢰요청 포기비율
- 첫 번째 요청을 마감하는 헬프 데스크 서비스 요청비율
- 헬프 데스크 비용
- 종업원 일인당 헬프 데스크 비용
- 필요가 확인된 기술 건수

"자, 그럼 퀴즈시간을 갖도록 하죠." 밥이 큰 소리로 알렸다. "캐더린은 어떤 형태의 평가척도들입니까?"

"지금까지의 과정을 참고하면 캐더린은 큰 프로세스의 일부분을 맡고 있으니까 아마도 M3평가척도이고, 헬프 데스크와 같은 하위 프로세스의 영역을 측정하는 평가척도 아닐까요?" 라고 미구엘이 대답했다.

"정답입니다. 자 그럼, 이 모든 것은 M3평가척도로 보입니까? 큰 프로세스의 일부 평가척도입니까?" 밥이 다시 물었다.

모두 목록을 다시 한 번 보았고, "그렇다고 생각합니다" 라고 빈스가 대답했다. "단지 지금까지 논의한 고객서비스 수입과 이익은 별개이지만 캐더린의 평가척도는 필요한 것이 전부 망라되어 있는 것 같습니다."

"아주 좋습니다. 캐더린은 초안 평가척도가 10항목의 점수를 포함하고 있습니다. 캐더린, 이 점에 대해 본인은 어떻게 생각하십니까? 본인은 이러한 소수핵심평가척도를 관리할 수 있다고 보십니까?" 밥이 물었다.

캐더린은 잠시 생각하고 대답했다. "제 부하들인 감독자와 스탭이 지금 검토하는 다양한 사실을 추적한다는 전제가 필요하지만, 기꺼이 시도해 보겠습니다."

모두가 환호했다.

"훌륭하네요. 자, 그럼 다른 분들도 순서대로 도마 위의 생선이 되는 겁니다" 라고 밥이 말했다.

"그렇지만 밥, 우리의 작업집단이 어떤 평가척도들을 이용하고 어느 정도 상세하게 나눌 것인지는 언제 결정해야 합니까?" 라고 앤이 질문했다.

"앤, 다음 단계를 소개해 주서서 감사합니다. 그것은 연결단계에서 할 것이고, 다음 회합에서 하려고 합니다. 지금은 여러분 모두의 스코어카드가 올바른지부터 확인하도록 합시다." 밥이 대답했다.

세분화

3단계　연결과 일관성을 확립하고 확인하라

그들은 나머지 오후 시간에 다른 관리자들의 평가척도를 검토했다. 그 결과, 미구엘의 평가척도는 특히 M4 수준에서 너무 많은 것을 알았다. 앤은 자신이 생각한 2항목에 대해 밥에게 도움을 청했다. 맥스는 가장 힘들어 하는 것처럼 보였지만 다른 관리자들에게 도움을 얻고 몇 가지의 예를 관찰한 후에 워크스테이션 서비스 관리자로서 역할에 적합한 일련의 평가척도를 만들었다.

"매우 좋습니다" 라고 밥은 모든 사람을 칭송했다. "여러분들은 멋진 퍼포먼스 스코어카드의 초안을 만드셨으니까 이번에는 수평적인 연결 관계를 검증할 필요가 있습니다. 즉, 다시 말해서 부서 간 퍼포먼스 스코어카드를 교차해서 연결시켜야 합니다."

"한 가지 예를 보여 주십시요, 밥." 빈스가 요구했다.

"좋습니다. 관리자들의 퍼포먼스 스코어카드를 생각해 주십시오. 프로세스들을 넘어서 측정해야 할 평가척도를 선택하십시요. 누군가 가장 높은 수준에서 자신의 서비스 프로세스를 설명해 줄 수 있는 사람이 있습니까?"

“누워서 떡 먹기죠.” 미구엘이 대답했다. “고객으로부터 문제를 제기하는 전화가 걸려옵니다. 우리가 문제점을 수정하면 그것으로 문제는 끝입니다.”

“고마워요, 미구엘. 그 수리라는 것은 워크스테이션 수리, 네트워크 수리, 그 외 문제 수리를 포함한 것이겠죠?” 라고 밥이 묻자 앤이 대신 대답했다.

“그렇습니다. 그건 패스워드 재설정부터 네트워크 실패 이외의 모든 것을 포함합니다. 우리들은 그런 모든 것을 고쳐주어야 합니다.”

“그렇다면 수리단계는 문제의 형태에 따라서 세분화할 수 있겠는데 주요 문제의 형태는 무엇입니까?” 밥이 질문했다.

“전 워크스테이션 문제, 네트워크 문제, 그리고 시스템 문제라고 할 수 있습니다. 시스템 문제는 워크스테이션을 인식하지 못하는 네트워크가 원인이 되거나 혹은 관련된 소프트웨어일 수 있습니다. 미구엘과 그의 기술통합팀이 다루고 있지요.” 앤이 대답했다.

“그렇군요. 각각의 영역에 대해 책임이 있는 관리자들과 함께 표를 설정해서 각각의 영역 내에서 재작업 또는 결점과 관련된 평가척도의 초안을 가지고 있는지 보도록 합시다.” 밥은 표 6·3에 나타난 테이블을 완성했다.

“각각의 프로세스 단계에 대한 평가척도가 있기 때문에 의욕이 생기네요. 그러나 척도와 용어들의 일관성에는 문제가 있어 보입니다. 평가척도들의 일부는 백분율이고 일부는 수치로 나타내는 것도 있을 뿐더러, 반드시 재작업이라고 부르지는 않는 경우도 있는데, 밥, 어떻게 생각하십니까?” 라고 빈스가 물었다.

프로세스 / 단계	직무영역	관리자	평가척도
고객의 트러블 전화	헬프 데스크	캐서린	재작업을 요구하는 헬프 데스크에 대한 서비스 의뢰 요청비율
워크스테이션 고장수리	워크스테이션 서비스	맥스	재개가 필요한 워크스테이션 수리 비율
네트워크 고장수리	네트워크 서비스	앤	처음에 종료되지 못한 네트워크 서비스 발주 건수
시스템 고장수리	기술통합	미구엘	재작업을 요구하는 시스템 워크 발주 건수
직후의 고장신고 전화	헬프 데스크	캐서린	재작업을 요구하는 헬프 데스크에 대한 서비스 요청 비율

표 6·3 ． 관리자 평가척도의 수직적 연결

"아주 좋은 지적입니다. 말씀하신대로 평가척도 단위와 용어를 조정할 필요가 있다는 점을 지적한 것은 좋은 출발입니다. 빈스의 정리된 평가척도는 어떻습니까? 그의 퍼포먼스 스코어카드는 어떻죠?" 밥이 리비를 보면서 물었다.

"그건 우리가 이미 확인했듯이 재작업을 필요로 하는 서비스 수리 비율처럼 간단하게는 안되나요? 헬프데스크, 워크스테이션, 네트워크로부터의 수치들이나, 그러한 모든 것들을 종합해서 평가척도로 하는 게 아닌가요?" 라고 리비가 되물었다.

"맞습니다. 그런 식으로 여러분이 사업 프로세스 전반의 평가척도를 보고 연결시켜 일관성있게 할 필요가 있습니다. 홀리, 이 단계에 대해 요약이나 분석을 도와줄 수 있습니까?" 밥이 요청했다.

"물론입니다." 홀리가 대답했다.

세분화

4단계　목표치를 명확히 하라

"좋습니다. 다음 단계는 퍼포먼스 스코어카드의 평가척도에 대해 목표를 생각하는 것입니다. 경영 스코어카드를 작성하고 목표를 설정할 때, 아마도 작업팀은 다음과 같은 질문을 할 것입니다." 밥은 플립차트에 다음 목록을 적었다.

- 목표는 어떻게 설정되었나?
- 각각의 목표는 성취해야 할 최소, 평균, 또는 확장목표인가?
- 목표를 달성하면 어떻게 되는가?
- 달성한 목표는 얼마나 유지할 필요가 있는가?
- 모든 팀들이 동일한 목표를 달성해야 하는가?
- 목표는 평균치이고 팀에 따라 평균치 이상과 이하가 발생하는가?
- 목표를 새롭게 하는 빈도는?

"그럼 지금부터 목표설정과 그것을 달성해가는 데 있어 관련된 문제점을 명확히 하는 시간을 갖도록 하죠. 모두가 목표를 이해한다면 도달하기가 훨씬 쉬울 겁니다. 우리가 빈스의 퍼포먼스 스코어카드를 작성할 때 목표에 관해 논의했던 것을 기억하십니까? 목표설정을 위한 4가지 원칙을 기억하시나요?"

"통계적, 역사적인 결과" 라고 홀리가 말했다.

"고객들의 요구사항" 이라고 대답한 건 미구엘.

"업계표준과 벤치마크" 라고 앤이 말했다.

"모든 것 중에서 가장 난이도가 높은 요구의 원천은 보스입니다" 라고 맥스가 빈스를 가리키며 말하자, 모든 사람들이 껄껄 웃었다.

"매우 좋습니다" 라고 밥이 말했다. "모두 정답입니다. 새로운 퍼포먼스 스코어카드를 작성함에 따라 목표치와 그 원천을 면밀하게 검토할 필요가 있습니다. 여러분들은 오늘 우선 기초자료를 수집하고 검토하십시오. 다음번 미팅에서 여러분들의 기준선과 목표치에 대해 논의하겠습니다."

팀원들은 끄덕이면서 동의했다.

세분화

5단계   필요에 따라 요약평가척도를 설정하라

"그럼 다음 단계는 요약평가척도를 설정하는 것입니다. 여러분들의 팀은 팀과 개별 평가척도를 갖고 매일매일 성과의 상세한 부분을 지켜보고 있습니다. 경영자 측에서는 경영수준의 퍼포먼스 스코어카드를 갖고 여러 영역 전반을 교차하는 성과를 검증합니다. 요약평가척도는

때때로 지표라 부르고, 많은 평가척도에서 얻어진 결과를 하나의 수치로 보는 데 도움이 됩니다. 지표들은 여러 장소와 팀, 또는 프로세스 전반에 걸친 성과를 검증하기 위해서 사용됩니다. 개별평가척도를 음미함으로써, 지표는 문제영역을 정확하게 나타낼 수 있는 심화능력을 길러줍니다. 또한 지표화한다는 것은 조직 전체에 걸친 노력들을 집중시키며 평가척도와 담당책임의 관계를 명확하게 합니다. 따라서 이것은 성과를 검토하는 데 시간을 줄여주는 효과적인 경영기법이고, 성과의 전체상을 보는 데 도움이 되며, 팀이 일상적 평가척도를 통제할 수 있도록 힘을 부여해 줍니다. 지난번에 고객만족 자료를 어떻게 결합할 것인지에 대한 질문이 있었습니다. 여러분의 고객만족결과를 정리하였으니 그 예를 한번 보시죠" 라고 밥이 말하며 표 6 · 4에 나타난 차트를 보여주기 위해서 플립차트의 한 페이지를 넘겼다.

캐더린이 "왠지 복잡한 것처럼 보입니다." 라고 말하자, "아닙니다. 매우 단순합니다. 밥의 설명을 들어보도록 합시다"고 리비가 말했다.

밥의 설명이 이어졌다. "지표를 사용해서 단위가 다른 평가척도를 종합적인 하나의 숫자로 결합하도록 해 줍니다. 열쇠는 표준이 되는 10단계 성과척도의 숫자로 변환하는 것이지요. 예를 들면, 성과척도의 10점이란 헬프 데스크 평가에서 90%를 담당하고, 피드백 카드의 4.0평가, 인터뷰 평가의 10점과 동일할 것입니다."

"무슨 뜻인지 알겠습니다. 고객만족을 나타내는 여러 형태를 최종적으로 평균을 내거나 가중화된 평균치로 해서 10점 만점으로 변환시키는 거군요"라고 빈스가 말했다.

"그렇습니다. 실질적인 수치를 입력해보고 어떻게 되는지 이해해 봅시다. 헬프 데스크의 5월 실제평가는 80%인데, 이 척도로 바꾸면 9점이 되는 거죠." 밥이 말했다.

평가척도	헬프데스크에 대한 평가	피드백 카드	인터뷰 결과	성과척도	
	90%	4.0	10	10	신장목표
	80%	3.9	9.5	9	
	70%	3.8	9.0	8	
	60%	3.7	8.5	7	목표치
	50%	3.6	8.0	6	
업적범위	40%	3.5	7.5	5	
	38%	3.4	7.0	4	
	36%	3.2	6.5	3	기본선
	34%	3.0	6.0	2	
	32%	2.5	5.5	1	
	30%	2.0	5.0	0	불가
최신평가					
성과척도로 환산한 점수					
가중치	40	40	20	지수	
득점					

표 6 · 4	고객만족도 지수의 예시

"85%라든가 이 표에 없는 수치의 경우는 어떻게 되죠?" 라고 맥스가 질문했다.

"그럴 때는 점수를 상세하게 계산하거나 성과척도에 가장 가까운 수치를 선택하면 됩니다. 이번에 우리는 가장 가까운 수치를 선택해 보는 건 어떨까요? 피드백 카드의 평가는 몇 점이죠?"

미구엘은 자기 노트를 보며 대답했다. "5월 평가가 3.7이니까, 계산하면 7로 변환됩니다."

"매우 좋습니다" 밥이 말했다.

"인터뷰 결과는 6.8이니까 우리가 가장 가까운 값을 선택한다고 하면, 4로군요"라고 앤이 말했다.

"정답입니다. 여러분들은 모두 이해력이 뛰어나네요. 그럼, 이번에는 수치에 가중치를 곱해 봅시다. 평가척도들 중에는 다른 것들보다 가치가 있는 것이 있습니다. 이를테면, 헬프 데스크와 피드백 카드가 보다 많은 고객의 의견을 취급하고 있기 때문에 헬프 데스크 평가와 피드백 카드 평가는 동등하게 40으로 하고 인터뷰 결과는 20의 가중치를 더한 것이 그런 예겠지요" 라고 밥이 설명하자 "그런데 왜 100점으로 배분하였습니까?" 라고 앤이 물었다.

"몇 점으로든 배분할 수 있지만 100점이 계산하기 쉽고 이해하기 쉽기 때문입니다" 라고 밥이 대답했다.

"성과척도와 가중치가 있다는 것은 알았는데 그것들을 곱하면 됩니까?" 라고 빈스가 질문했다.

"옳습니다. 곱하면 가중치된 점수를 알 수 있습니다" 라고 말하며 밥은 최신차트를 보여주었다(표 6 · 5).

평가척도	헬프데스크에 대한 평가	피드백 카드	인터뷰 결과	성과척도	
	90%	4.0	10	10	신장목표
	80%	3.9	9.5	9	
	70%	3.8	9.0	8	
	60%	3.7	8.5	7	목표치
	50%	3.6	8.0	6	
업적범위	40%	3.5	7.5	5	
	38%	3.4	7.0	4	
	36%	3.2	6.5	3	기본선
	34%	3.0	6.0	2	
	32%	2.5	5.5	1	
	30%	2.0	5.0	0	불가
최신평가	80%	3.7	6.8		
성과척도로 환산한 점수	9	7	4		
가중치	40	40	20	지수	
득점	360	280	80	720	

표 6·5	평가척도가 포함된 고객만족도 지수

"지수가 720으로 되어 있는데 무슨 의미입니까?" 라고 미구엘이 질문했다.

“자, 10점 만점이 되면 어떻게 되는지 생각해 보시겠습니까?”라고 밥이 되물었다.

“1000점입니다.” 캐더린이 대답했다. “알겠습니다. 720점이란, 우선 잘했다고 말할 수 있지만 아직 개선의 여지는 있다는 말이군요. 300점은 기준선의 아슬아슬한 점수이고, 700점은 목표를 달성했다는 거네요. 500점 이하에 머물러 있다면 심각하게 받아들이고 걱정해야 한다. 깔끔한 마무리죠!”

“잘될 것 같군요”라고 빈스가 말했다. “그러나 성과척도와 가중치의 상세한 내역을 검토할 필요가 있습니다. 우선은 좋은 출발을 했습니다. 그 외 필요한 다른 지표들이 있습니까?”

그들은 다른 척도들을 검토한 결과 빈스의 퍼포먼스 스코어카드에 대한 고객만족 지표는 현재로 충분하다고 결론지었다. 그리고 관리자들의 개별적인 퍼포먼스 스코어카드가 어떻게 빈스의 것과 연결되는지 생각해 보았다.

“계속해서 6단계를 진행하도록 합시다”라는 밥의 제안에 모두 동의한다면서 끄덕였다.

> 세분화
>
> 6단계　결과수집, 보고, 재검토를 위한 절차를 재배열하라

“여러분들의 스코어카드를 활용하여 전체 퍼포먼스 스코어카드가 어떻게 서로 연결되는지 충분히 이해하셨으니까, 본인의 평가척도 개

선방법과 사업성과를 더욱 향상시키는 방법도 알 수 있을 겁니다. 평가척도를 정교하게 만듦으로써 사업성과를 향상시킬수 있는 거죠. 여기에 퍼포먼스 스코어카드를 정교하게 만들 때 고려해야 하는 6가지 사항이 있습니다.”

밥은 플립차트에 다음 목록을 적었다.

- 점검을 게을리하지 마시오
- 평가척도의 정의나 용어를 일상적으로 검토하시오
- 무작위적인 감사를 하시오
- 너무 많은 지표들을 모니터하지 마시오
- 너무 적은 지표만 모니터하지 마시오
- 진부한 평가척도를 버리시오

“첫 번째의 ‘점검을 게을리하지 말라’ 는 빈스가 말한 거 같은데, 그가 그것도 넣으라고 했습니까?” 라고 맥스가 물었다.

“아닙니다.” 밥이 웃으면서 대답했다. “항상 평가척도를 시야에 넣어 유지하는 것이 잊어버리지 않는 가장 좋은 방법이니까요. 여러분들의 직감을 이용해서 어떻게 하면 여러분들의 측정평가 결과가 올바르게 될지 응시해 주십시오. 개선되었을 거라고 생각해도 현실의 숫자에 그것이 나타나지 않았을 때는 정의, 성과척도, 그리고 수치들을 표로 정리하여 보고할 요소들을 점검하십시오. 똑같은 방식으로 수치들은 신장하고 있는데 실제로 아무것도 변한 것이 없는 경우에는 수치 인플레이션, 정의의 변화, 부적당하게 기록된 결과, 또는 다른 요인들

을 점검하십시오. 그리하면 두 번째 항목인 평가척도의 정의를 일상
적으로 검토하는 것으로 연결됩니다. 모든 사람들이 평가수치를 똑같
은 방식으로 정의하고 해석한다고 생각할지 모르나, 막상 점검해보면
여러가지로 서로 생각이 다르다는 걸 알 수 있습니다. 평가척도를 적
어 보고 때때로 점검하세요. 그리고 추적하고 있는 필요한 결과와 정
말 적합한지 확인하십시오. 때때로 정의를 변경할 필요가 있습니다.
예를 들면 내가 함께 일한 어떤 한 팀은, 서비스 반응시간을 기술자가
서비스 주문을 수령할 때부터 고객이 있는 장소에 나타나기까지의 시
간으로 정의했습니다. 그러나 고객의 관점과 적합성을 갖기 위해서
개념정의를 바꿀 필요성을 깨달았습니다. 즉, 고객이 헬프 데스크에
전화한 순간부터를 반응시간으로 정의한 것이지요."

  밥은 이어서 목록에 있는 세 번째 항목을 지적했다. " '무작위적인
감사를 하시오' 는 때때로 자료의 원천과 평가척도들을 정리하는 단계
를 점검할 필요가 있기 때문입니다. 평가척도들이 올바르게 수집되었
는지, 자료가 충분한지, 그리고 예외적인 자료들이 올바르게 처리되었
는지를 확인해야 합니다. 부하들에게 올바른 보고서를 기대한다는 것
을 알게 하세요. 진실을 말하는 것에 대해 벌하지 말고, 그러나 애매한
수치에 대해서는 너그럽게 봐주지 마십시오. 너무 많은 지표들을 검증
하는 경향이 강합니다만 그런 유혹은 뿌리치십시오. 제 경험으로 말하
자면 퍼포먼스 스코어카드의 평가척도는 최대 20개입니다. 한 번에 20
개 지표 이상을 검증하려 한다면 충분한 검토가 어려워집니다. 성과를
검증하는 것은 자동차를 운전하는 것과 같습니다. 운전할 때 주의깊게
보는 것은 속도, 연료량, 엔진상태 등 두세 가지 지표입니다. 물론 오일

압력, 총주행기록, 그리고 엔진온도 등도 중요하긴 하지만 그렇게 빈번하게 보는 것은 아닙니다. 자동차의 성능에 대해서 모든 지표들을 지켜본다면—배출내용, 전압, 브레이크 유압 수준, 오일량, 타이어 소모 정도, 냉각수 온도, 그리고 다른 것들까지 항상 신경쓰고 있다면 운전이라는 주된 일에 집중할 수가 없습니다! 사업측정에서도 같은 말을 할 수 있습니다. 바람직한 방향으로 움직이고 있는지 확인 가능한 정도의 것을 활용해서 경영관리를 하십시오. 측정평가의 수렁에 빠지지 마십시오.”

밥은 다음 항목을 지적했다. “마찬가지로 실제 발생하고 있는 것을 이해할 수 없을 정도로 너무 적은 평가척도도 곤란합니다. 운전할 때 속도만 지켜본다면 기름이 전부 떨어질지도 모릅니다. 이 점은 사업에 따라서 차이가 있지만, 경험에 의하면 6항목의 지표가 가장 약한 스코어카드가 됩니다. 마지막 항목인 ‘진부한 평가척도 폐기’도 매우 중요하지만 어려운 일이기도 합니다. 사업이 변화를 필요로 하듯이, 측정평가도 변화가 요구됩니다. 당신의 퍼포먼스 스코어카드에 대해 정기적인 검토를 하십시오. 성과에 대해 당신에게 의미있는 통찰을 제공하지 못하는 지표들은 버리세요. 측정할 것이 늘 있다고 해서 그것이 여러분께 항상 유용한 의미를 전달해 준다는 것은 아니라는 말입니다. 스코어카드의 내용을 정기적으로 점검할 날짜를 정해 놓으십시오. 성과에 의미가 있는 통찰을 하고 싶다면 도움이 안 되는 지표는 버리세요. 측정평가를 일상적으로 그냥 행하고 있다고 해도 반드시 유익한 것을 가르쳐 주지는 않습니다. 지금까지 말한 것처럼 스코어카드를 사용해 보면 보다 잘 알게될 것입니다. 여러분들과 함께 스코어카드를 검토하고 있는 것은, 여러분들이나 여러분의 팀, 사업이 변화를 필요로 하는 것처럼 스코어카드와 그 평가척도들이 진화해 가야 한다는 걸 이해시키기 위해서입니다. 평가척도들은 여러분이 사업을 운영하는 데 도움을 주는 하나의 기법일 뿐이라는 것을 잊지 마십시오. 기법에 맞게 사업을 변화시키는 게 아니라 사업에 맞게 기법을 변화시켜 주세요.”

밥은 잠시 생각하고 주위을 둘러 보았다. “여러분이 평가척도들의 초안을 작성하고 효과적으로 그것을 사용하기 위해 필요한 것을 열심히 배워왔습니다. 다음 단계의 자료를 수집하고 검토를 시작하기 위한 준비가 된 것 같군요. 질문 있습니까?”

질문하는 사람은 없었다.

“자, 그럼 준비가 되었다는 의미로 받아들이겠습니다. 우리는 다음 시간에 서로가 점검한 결과가 어떻게 되었는지 보고, 스코어카드를 부하들의 일상적인 노력과 어떻게 연결시키는지 연결단계에 들어가겠습니다. 그럼 2주 후에 봅시다!”

그들은 해산했다. 빈스는 밥을 끌어당기면서 말했다. “나는 이 회합이 커다란 변화라는 것을 당신이 알았으면 합니다. 관리자들이 서로 힘을 합쳐 고객을 위해서 어떻게 해야 적합한지 이해하기 시작한 것도 처음입니다. 지금까지는 서로를 비난하고 잘난 척하는 행동이 일쑤였죠. 그러나 퍼포먼스 스코어카드가 우리의 연대감을 강화하는 데 도움이 된 것 같습니다."

"고맙습니다, 빈스. 그건 스코어카드의 많은 부수적인 효과 중 하나입니다. 당신이 벌써 그 효과를 알게 되어 기쁘군요. 앞으로도 많은 효과를 얻을 수 있을 겁니다."

"나도 그렇게 생각합니다!" 빈스는 밥의 손을 힘차게 잡았다.

네 번째 단계에서 퍼포먼스 스코어카드의 평가척도들을 조직의 다음 수준까지 세분화하여 목적과 적합한 절차를 확실하게 했다. 세분화단계에서 사업목적으로 나아가는 진전들이 어떻게 퍼포먼스 스코어카드로 검증되는지 일선 관리자들이 이해할 수 있도록 도움을 줄 수 있다. 또한 각각의 관리자가 팀 수준의 기여도와 퍼포먼스 스코어카드의 결과물을 연결시키는 것을 돕게 된다.

세분화단계는 아래의 요약 테이블에 나타난 단계로 수행된다. 이것은 소수핵심평가척도가 팀의 목표나 결과와 적합하게 균형을 이루면서 조직의 시기 적절한 검토와 의사결정을 위한 적합한 포인트로서 관련된 피드백을 제공해 준다.

단계	스텝	결과
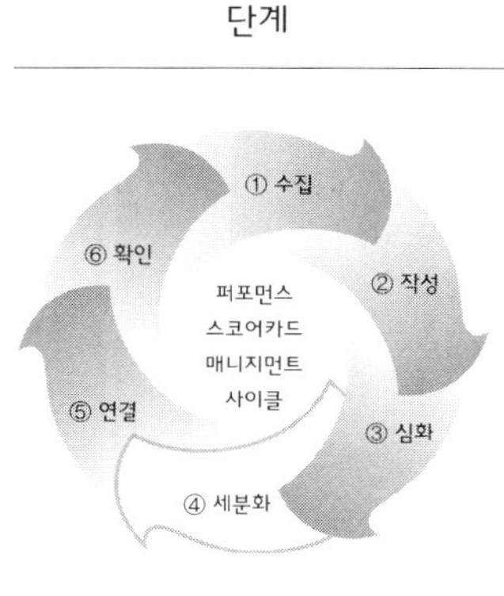 4단계 : 세분화	1.세분화되는 다음 단계의 스코어카드 평가척도를 결정하라 2.새분화된 평가척도가 적정 레벨에 있음을 입증하라 3.주연결과 일관성을 확립하고 확인하라 4.목표치를 명확히 하라 5.필요에 따라 요약평가척도를 설정하라 6.결과수집 보고, 재검토를 위한 절차를 재배열하라	• 균형 잡히고 연결된 스코어카드를 평가척도로 세팅할 수 있다 • 책임이 있는 각각의 레벨을 위한 적절한 피드백 방법이 마련된다

인디애나폴리스 시

APQC 측정사례 연구에서 발췌

시나 지자체 조직이 혁신적인 아이디어나 효율성 때문에 표창을 받는 경우는 드물다. 그러나 인디애나폴리스 시는 예외이다. 시 당국으로는 처음으로 민간부문의 사업관리 원칙을 이용하여 적극적인 공공부문 성과관리 프로그램을 개발했다. 4년 동안의 성공기록을 보면 거의 1억불의 비용을 절감했으며, 측정평가와 경쟁이 시 지자체에 가져다 준 여러 효익을 증명하고 있다. 성과호전의 전환점을 지원하기 위해서 5개의 방법을 이용했다.

- 성과의 평가척도
- 성과보고
- 성과에 기초한 경쟁
- 활동에 기초한 원가관리(ABC)
- 활동에 기초/성과에 의한 예산 수립

시의 지도자들은 그들의 전통적인 업적평가 척도들이 올바른 결과를 측정하지 못한다는 것을 깨닫고 있었다. 예를 들면, 일 년에 얼마나 많은 쓰레기를 치우는가를 측정하는 것과 고객의 불평제기 횟수와는 커다란 차이가 있었던 것이다. 처음에 생각할 수 있었던 것은 측정되어야 할 핵심사항을 바꾸는 것이었다.

● 업적평가 척도들은 시민들, 시의원들, 시 직원들에게 똑같이 이해
  될 수 있도록 재구조화되었다
● 사람과 자원의 상황보고만 추적하는 의미 없는 평가척도의 사용
  을 폐지했다. 그 대신 사람과 자원을 통해서 어떤 것이 성취되는
  가에 관심을 집중했다
● 평가척도에 대한 의식을 향상시키기 위해 종합적인 ABC훈련 노
  력을 실시해서 직원 의식을 구축했다

정보를 널리 알리는 것이 인디애나폴리스 시의 지속적인 개선을 향
한 문화의 핵심부분이 되었다.

많은 미디어 원천들을 사용하여 시 직원들에게는 상세한 성과 정보
를 제공하고 일반 유권자에게는 보다 폭넓은 정보를 기초로 하여 요점
을 알렸다.

● 각 부서의 모델을 만들어 관리자와 시장에게 기본적인 ABC정보
  를 추적할 수 있게 했다. 모델들은 정기적으로 최신 상태로 업데
  이트되고, 장비, 운송수단과 물자 사용, 계획에 관한 평가척도들,
  그리고 노동 통계치에 관한 정보를 제공하는 리포트를 발행했다
● 주요 지표들과 결과는 좋은 소식이건 나쁜 소식이건 직원 게시판
  을 통해 알려지고, 그 내용은 주간 부서모임에서 논의되었다
● 시민들은 시의 중요한 달성사항에 대해 홈페이지를 볼 수 있거나
  시 지도자들이 효율성을 높이기 위하여 토의, 입안하는 것을 제한
  된 텔레비전 채널에서 볼 수 있었다

● 시의 여러 부서원들이 직접 만나는 회의의 횟수를 늘려 프로젝트를 설명하고 시민의 요구에 귀를 기울이는 기회를 만들었다. 그중에서도 유명한 사례는 인디애나폴리스의 플리트 서비스 부문으로 일 년에 32회의 시 미팅을 192회로 증가시켰다

저항과 같은 장애물을 극복하기 위해 직원들에게 활동에 근거한 관리(ABM)를 사용한 품질, 효율성, 생산성을 측정평가하는 방법을 훈련시켰다. 그 결과 직원들은 처음으로 그들이 수행한 활동원가들이 어떻게 결정되는지, 개선된 사항들이 어떻게 원가에 영향을 미치는지를 알았다.

또 다른 장애물은 노조를 참여시키는 것이다. 노사관계는 과거부터 불안정하였으나, 놀랄 정도로 짧은 시간에 관계가 획기적으로 개선되었다. 노조는 원가를 줄이기 위한 방법들을 결정하기 위한 동반자로서 경영진과 합류했다.

운송부서는 운영상태를 조사하기 위해서 활동근거 원가를 사용했다. 최초의 수치들은 장비와 노동의 혼합이 총체적으로 비효율적이라는 걸 알았다. 운송부서는 8명에서 4명으로, 2대의 트럭 대신 트럭 한 대로 결정했다. 이것은 초기단계에서 중요한 승리였다. 그것은 시 관리자들이 적절한 장려책과 기법으로 기업가적 발상을 한다면 지자체도 민간부문처럼 효율적일 수 있다는 것을 증명했다.

직원들은 성과관리 목표와 연계된 새로운 인센티브 급여체계에 의해 보상을 받았다. 이 같은 공공부문의 '이익공유' 프로그램은 한때 저항적이던 노동자들을 적극적인 직원으로 끌어들이는 데 기여했다.

시 관리자는 '목표를 달성했을 때 보너스를 지급하는 것은 사기에 큰 영향을 미쳤다. 그것은 긍정적인 문화와 태도변화에 깊은 영향을 주었다'고 한다.

인디애나폴리스 시는 성공에 대한 비밀에 개방적이었다. 조사를 하고, 새로운 시스템을 설치하고, 보다 나은 평가척도를 설정하여 좋은 뉴스들을 적극적으로 전파하는 것이라 했다. 또 경쟁에 의해 시의 업무운영은 아래와 같은 새로운 효율성이 생겼다.

- 비용이 29% 삭감되었다
- 수리 시에 소요시간이 크게 단축되었다
- 고객들의 불평 건수가 95% 이상 떨어졌다

사원들은 경쟁 분위기 속에서 활기에 차 있었다. 타임지는 '지난 4년 동안 시의 평균을 크게 웃도는 매년 평균 5%의 임금상승으로 그들의 상실된 승급을 충분히 보상받았다'고 보도했다.

경쟁이 극심한 풍토 속에서 규모의 축소는 어려워지고 있다. 그러나 모든 것과 마찬가지로, 시는 그것에 대해서 조심스럽게 고려했다. 노동력의 감소로 인한 생산성과 진보의 둔화를 예방하기 위해서 시간을 두고 행했다. 한 부서에서만 관리자의 숫자가 19명에서 8명까지 감소함과 동시에 그룹으로 합리화하고 자기관리 형태로 되었다.

시는 스스로의 개선 경험으로부터 학습한 교훈들을 공개적으로 공유했다.

● 산출량은 산출의 질보다 측정하기 쉽지만, 둘 다 중요하다

● 처음에는 측정평가할 대상 목록을 너무 길게 작성하는 경향이 있었지만, 시간이 지나면서 중요한 평가척도들이 표면에 나타났다

● 근본적인 진정한 변화를 실현하기 위해서 모든 구성원 집단으로 훈련을 확산시켜야 한다

● 경쟁상대가 다음에 무엇을 할지 모르기 때문에 경쟁적인 위치에서 결코 안심해서는 안 된다

● 구성원들이 결과에 대해서 의사결정하고 책임질 수 있도록 신뢰하고 권능감을 부여하라

인디애나폴리스 시의 리더들은 시 행정당국과 구성원들의 성취에 대해서 자랑스러워할 이유가 있었다. 그들은 원가와 무거운 짐이 되는 규제를 줄일 수 있을 정도로 창의적이었고, 경제발전을 장려하고 지역 경쟁력을 유지하는 힘찬 도시로서 지역의 경쟁력을 유지했다.

지위가 높은 한 공무원은 이렇게 증언했다. '모든 곳에서 변화가 일어나, 몇 번이고 포장을 반복하던 도로는 청결하고 더욱 안전한 지역으로 바뀌었다. 경제발전을 향상시키고 시의 내륙부를 활성화하여 새로운 체육시설도 마련했다. 이 모두를 세금의 증가 없이 달성했다.'

《Aggressive Performance Management and Measurement Pay Off: City of Indianapolis Pioneers Privatization,》 by April Canik; *Measurement in Practice* (October/November 1997) *Issue 10*, Houston, TX: American Productivity & Quality. Center (APQC) © 1997 . Reprinted with Permission. Contact APQC for full text.

Connect Your
Scorecard

스코어카드의 연결

이번 장에서 빈스는 그의 관리자들과 함께 성과계획, 목표, 개인에 대한 업적평가 척도들과 경영 퍼포먼스 스코어카드를 연결하는 것을 도우면서, 개별 종업원들에게 평가척도를 세분화하는 작업을 했다. 빈스는 주요 사업 결과물들을 강화하는 데 도움을 주면서, 개별 책임들을 퍼포먼스 스코어카드의 결과와 연결하기 위해서 솔브넷의 성과관리 프로세스를 사용했다.

연결 프로세스를 통해 빈스는 지금까지의 결과에 대해 그가 초기에 느꼈던 욕구불만이나 좌절을 그의 부서 전 계층에서도 느끼고 있다는 걸 통감했다. 퍼포먼스 스코어카드가 종업원 수준에서 작성되고 논의되면서 이슈, 협력, 프로세스에 대한 책임의식, 그리고 목표의 명확성 등의 문제가 표면에 나타나고 해결되어 간다. 협력, 문제해결, 그리고 목표를 향한 일관성과 합치하는 능력이 향상되기 시작했다.

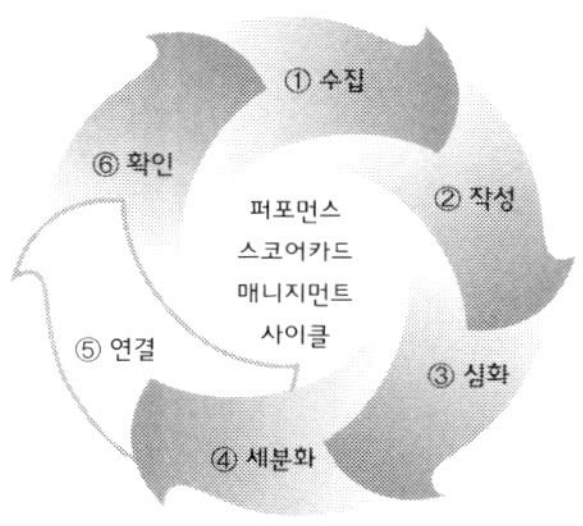

빈스와 그의 관리자들은 거의 네 달에 걸쳐 퍼포먼스 스코어카드를 사용한 결과 진전이 보인 것을 기뻐했다. 사업목적에 대한 진척상황에 보다 쉽게 도달할 수 있었고, 문제처리는 보다 빠르고 직접적인 대책을 취할 수 있었다.

연결

단계　1. 성과관리 프로세스를 점검하라

　　　2. 개인의 성과계획을 세워라

　　　3. 지도할 기회를 마련하라

　　　4. 평가를 요약하라

　　　5. 연결과 결과를 점검하라

평가척도가 향상된 덕분에 빈스의 관리자들은 간단한 문제들은 쉽게 확인하고 행동할 수 있음을 깨달았다. 결과가 향상되고 있었고, 추세들은 옳은 방향으로 움직이기 시작했다. 그러나 관리자들은 개선을 더욱 향상시키는 데는 벽에 부딪치는 심정이었다. 그들은 달성 가능

한 추가적인 개선의 여지가 존재함을 인지했지만, 지속적인 개선이 보다 어렵다는 걸 알았다.

밥은 빈스에게 전화해서 다음번 정기 검토회의 전에 한번 만나 점검하자고 말했다. 빈스는 그의 관리자들의 성취감에 기뻐하는 반면, 그것을 어떻게 유지할지에 대해 걱정스럽다고 전달했다.

"훌륭합니다. 그럼 다음 단계인 '연결'에 대한 준비가 된 겁니다"라고 밥이 말했다.

"밥, 도와주세요. 관리자들의 퍼포먼스 스코어카드와 내 퍼포먼스 스코어카드를 연결하여 일관성을 만들었습니다. 내 퍼포먼스 스코어카드는 쟌 라슨 사장님의 평가척도 및 솔브넷의 전략과도 연결되어 있지요. 이제 남은 것은 무엇입니까?"

"관리자들의 퍼포먼스 스코어카드를 종업원의 달성목표와 연결해야 합니다"라고 밥이 설명하기 시작했다. "평가척도는 솔브넷의 전략을 일선 종업원들의 매일의 작업과 연결합니다. 그렇게 해서 전략적 목표를 향해 나아가는 매일의 진척 상황을 검증하는 것이지요. 연결프로세스를 이용함으로써 각각의 종업원들이 조직의 전반적인 성공이나 소수핵심평가척도에 어떻게 공헌하는지 중요성을 이해하게 해 주십시오. 그리하면 당신 팀은 당신 부서의 중요한 사업목표에 초점을 맞추고 유지할 수 있습니다."

"여세를 유지하는 데는 옳은 이야기 같습니다"라고 빈스가 고개를 끄덕였다.

"연결프로세스를 시작하기 위해서, 당신의 성과관리 프로세스에 대해서 제게 좀 더 말해 주십시오." 밥이 말했다. "개별 성과계획을 세우고 종업원들이 목적에 맞게 인도할 수 있는 시스템이 있습니까?"

빈스는 잠시 생각했다. "물론 있지만, 그런 목적은 평가척도와 실제로는 연결되어 있지 않습니다. 그것은 단지 종업원 개발 정보를 얻고 사기를 불어넣기 위한 방법일 뿐입니다."

밥이 웃었다. "다른 회사에서도 대체로 그런 말을 합니다. 대부분의 회사들도 평가척도들과 성과관리가 연결되어 있지 않기 때문이죠."

빈스와 밥은 솔브넷의 성과관리 프로세스와 연결단계를 점검하는 다음 주 정기모임에 대해 논의했다.

다음 주가 되었다. 밥은 부서의 정규사업 검토회의 기간에 가장 최근의 결과를 점검하는 성과를 칭찬했다. 관리자들도 평소보다 밝은 분위기였다.

빈스가 말했다. "우리 팀은 성공에 대해 처음으로 황홀감을 느꼈습니다. 그러나 아직 갈 길이 멉니다. 지금까지 토의한 것으로 보아 연결단계에 대한 준비가 된 듯합니다. 향후에 대해 말해주세요."

연결

1단계 성과관리 프로세스를 점검하라

"솔브넷의 성과는 개별성과와 연결되어 있습니다" 라고 밥이 말했다. "여러분의 사업 목표에 도달하기 위해서는, 개별 노력들이 팀의 목적 및 퍼포먼스 스코어카드와 결합되어 있어야 합니다. 그렇다고 해서 스코어카드의 평가척도들을 세세하게 분해하여 개별 평가척도로 만든다는 것을 의미하진 않습니다. 많은 평가척도들을 팀 레벨에서 그대로 두고, 개별 종업원들의 노력이 팀의 결과에 어떻게 기여 하게 되는지 이해하도록 도와주세요. 팀 수준의 목표와 평가척도를 개인에게 전개하는 것은 일반적으로 성과관리 프로세스를 사용하게 됩니다. 여러분의 성과관리 프로세스에 대해 알기 쉽도록 적어도 중간 기수에 한 번과 연 1회는 종업원들과 관리자들 간에 '계획안 작성 검토회의'를 열어야 합니다."

관리자들은 수긍했다.

연결

2단계　개인의 성과계획을 세워라

밥은 표 7·1에 나타낸 것처럼 플립차트 위에 있는 표에 대해 언급했다. "이것은 솔브넷의 성과관리 프로세스인데 대부분의 조직과 마찬가지로 전형적인 것입니다. 성과관리의 주요 3단계를 보시기 바랍니다. 계획하기, 지도하기, 그리고 평가하기 입니다. 계획단계에서 여러분은 각각의 종업원들과 함께 개별 성과계획을 세웁니다. 그 계획은 목표, 책임, 그리고 기대를 설정하는 것입니다."

그러자 앤이 말했다. "옳습니다, 밥! 우리가 성실하게 단계를 통해서 한다면 아주 잘될 겁니다."

표 7·1	스코어카드의 평가척도를 사원의 성과와 연결시킨다

"좋습니다. 여러분 관리자들이 이번에 이것을 하면 실제로 많은 효과가 있습니다. 그리고 연결단계를 훨씬 쉽게 만들어 줍니다. 연결을 위해서, 당신은 다음 자료를 모아서 종업원들과 함께 계획입안회를 준비해야 합니다." 밥은 플립차트에 대해서 언급했다.

- 사업목적과 고객의 요구사항을 포함하는 솔브넷의 업무 운영계획
- 고객서비스 부서의 목적
- 고객서비스 부서의 퍼포먼스 스코어카드
- 고객서비스 부서의 활동계획
- 개별 종업원들의 현 직무 기술서, 책임, 그리고 목표

" '종업원들의 현 직무 기술서, 책임, 그리고 목표' 를 보면서, 다음 질문들을 생각하세요." 밥은 플립차트 위에 적으면서 말했다.

- 여러분의 부서 목적을 달성하기 위해 이 종업원은 직무의 어떤 측면을 완성해야 합니까?
- 이 종업원은 목적의 결과에 얼마나 많은 영향을 미칩니까?
- 부서와 팀의 계획을 달성하기 위해서 어떤 과제들이 부여되어야 합니까?
- 이 과제들은 어떻게 측정 평가합니까? 즉, 자신의 팀 스코어카드의 평가척도와 어떻게 연결합니까?

밥은 계속해서 말했다. "다음에 주요 과제임무와 평가척도들을 포함하는 개별 성과계획의 초안을 작성하세요. 주요 과제임무들은 종업원 레벨의 목적이며, 그 개인이 사업계획을 얼마나 지원했는지 개별 결과물을 확인해주는 것입니다. 주요 과제임무들은 팀의 목적에 초점을 두는 것으로 궁극적으로는 스코어카드의 평가척도들에 초점을 두는 것이 됩니다."

"그럼, 주요 과제임무란 종업원이 팀의 성공을 위해서 해야 하는 중요한 사항들이란 말인가요?" 라고 캐더린이 질문했다.

"바로 그거예요." 밥은 플립차트 위에 쓰면서 말했다. "여기에 주요 과제임무들의 특징이 있습니다."

주요 과제임무들은 다음을 포함하여야 한다.

- 직무의 가장 중요한 요소들에 초점을 맞추시오
- 바람직한 결과물과 관련된 평가척도들을 구체화하시오
- 종업원의 영향력 내지 통제범위 내에 두시오

"주요 과제임무들은 정상적인 직무책임 범위를 넘어 도전적인 임부 부여를 포함합니다. 종업원의 기술과 팀의 대응능력을 개발하기 위한 기회들은 주요 과제임무에 따라 결정됩니다."

밥의 말에 미구엘이 질문했다. "제가 만약 한 사원에게 프로젝트 관리자 자격증을 취득시키면 어떨까요? 그것이 적절한 주요 과제임무가 되지 않을 까요?"

"그것이 예를 들어 '프로젝트 팀 환경개선' 이라는 사업목적과 연결되어 있다면 주요 과제임무라고 할 수 있습니다. 여기에 주요 과제임무의 특징이 여러 개 있습니다." 밥은 페이지를 넘기면서 플립차트 위에 썼다.

주요 과제임무로서 좋은 것들은 다음과 같다.

- 성과/결과에 초점을 둠
- 구체적
- 고객의 기대에 기초
- 시간에 근거

- 현실적, 성취 가능 – 종업원의 통제 내에서 달성 가능
- 측정평가 가능. 즉, 팀의 퍼포먼스 스코어카드의 평가척도들과 연결될 것

"몇 가지 예들을 보여주는 것이 어떻습니까, 밥? 그것이 팀의 목표 및 평가척도들과 어떻게 연결되어 있는지 우리가 알기 쉽게 설명해주세요." 빈스가 말했다.

"그렇지 않아도 준비가 되어 있습니다, 빈스." 밥은 다음 플립차트를 펴면서 싱긋 웃었다.

헬프 데스크 팀의 목표	헬프 데스크 팀의 스코어카드 평가척도	직원의 주요 과저 업무	개인의 평가척도
고객만족도를 10% 상승시킨다	헬프 데스크에 대한 고객의 평가	팀의 주요 업무별 문제해결 프로세스	헬프 데스크에 대한 고객의 평가

표 7 · 2	헬프 데스크 직원의 주요 과제임무의 예

"캐더린의 스코어카드를 예로 헬프 데스그를 담당하는 한 종업원과 연결시키는 방법을 생각해 봅시다. 그것들이 어떻게 서로 적절한지 보여주는 테이블이 여기 있습니다." 밥은 표 7 · 2에 나타난 차트를 언급했다.

"이 경우에 종업원의 평가척도는 팀의 것과 동일합니다. 우리는 종업원이 문제해결 프로세스를 개선하여 헬프 데스크에 대한 고객평가

에 플러스가 되는 결과를 원하고 있기 때문입니다."

그러자 앤이 질문했다. "그 종업원에 대해서 문제해결 프로세스에 대한 주기시간 같은 것으로 주요 과제임무에 대해 보다 직접적으로 측정할 수 있지 않습니까?"

"가능합니다. 그러나 하위 적정치의 결과를 얻지 않도록 조심하십시오. 문제해결에 대한 주기시간만 줄이면, 성급하면서 불완전한 해결들로 인해 고객을 더 불만스럽게 할 수 있으니까요. 여기서의 시도는 만족도를 향상하도록 프로세스를 개선하는 것입니다. 그래서 평가를 개선 노력들과 연결시켜야 합니다. 또 다른 예가 있습니다. 주요 과제임무는 종업원의 독자적인 것이기 때문에 개별 종업원이 독자적인 평가척도를 갖는 경우입니다." 밥은 표 7 · 3에 나타난 차트에 대해 언급했다.

헬프 데스크 팀의 목표	헬프 데스크 팀의 스코어카드 평가척도	직원의 주요 과제업무	개인의 평가척도
연도 말까지 고객에 대한 서비스 질을 10% 개선한다	재작업이 필요한 헬프 데스크에 대한 서비스 요청비율	소프트웨어의 고장수리 서비스에 대한 재작업 요구를 줄인다	재작업을 필요로 하는 소프트웨어 고장수리 서비스 비율

표 7 · 3   헬프 데스크의 스코어카드에 연결된 종업원의 평가척도

"그래서 종업원의 개인적인 평가척도는 수리 서비스의 재작업을 요구하는 전체적인 평가척도의 일부라는 건가요?" 미구엘이 질문했다.

"맞습니다. 이 경우 종업원의 성과는 소프트웨어 고장 수리요청이라는 하위 모음에 초점을 둘 것입니다. 당신과 종업원은 이 같은 구체적 측정에서 노력들이 성과를 개선하는지 알고 싶을 것입니다. 중요한 것은 그 종업원의 주요 과제임무들이 팀의 스코어카드 평가척도와 어떻게 연결되는지 보는 것이지요. 때때로 종업원은 개인적인 퍼포먼스 스코어카드를 필요로 합니다만, 그건 드문 일입니다. 여러분은 종업원들이 가능한 한 팀의 스코어카드를 사용하기 원할 것입니다. 종업원들은 그들의 주요 과제임무가 어떻게 팀의 스코어카드와 연결되어 있는지 이해하여야 하고, 무슨 일이든 팀의 목적에 집중하도록 해 두어야 합니다. 개별 통계수치도 좋지만 팀 전체가 승리해야 하니까요."

"여기에 솔브넷의 성과관리 프로세스를 위해 사용할 서식이 있습니다. 모든 것들이 어떻게 연결되어 있는지 보여주기 위해 하나의 예에 대한 초안을 작성했습니다." 밥의 예는 표 7·4에 나타나 있다. "솔브넷의 개인 성과계획에는 4가지 형태의 목적들이 있습니다. 이를테면 성과개선, 개인계발, 팀 발전, 사업 성장이지요. 목표 날짜들은 주요 과제임무가 끝나는 날짜를 정의합니다. 연관된 평가척도들은 관리자의 스코어카드, 작업집단의 스코어카드, 또는 주요 과제임무들과 관련된 개별 평가척도를 결정하는 것이 됩니다."

"잠깐만요, 밥. 혼란스럽습니다. 연결단계에는 실제로 3개의 스코어카드가 존재하나요? 제 스코어카드, 팀 스코어카드, 그리고 개별 퍼포먼스 스코어카드인가요?" 캐더린이 물었다.

"아마 그렇게 되겠지요." 밥이 웃으면서 말했다. "개인의 기술, 직무기술서, 주요 과제임무들에 따라 달라집니다. 부하 중에 직무가 거의

개인 성과계획			
직원명	직위	소속부서	상사
수잔 리	헬프 데스크 업무 감독관	고객 서비스, 헬프 데스크	캐서린 밀러
주요 과제임무	목적의 형태	목표기한	관련 평가 척도
헬프 데스크 프로세스의 분석을 완료하여 개선한다	성과개선	＿＿년 2월1 일	단념한 헬프 데스크에 대한 서비스 요청 비율
지식경영 소프트웨어 설치와 트레이닝을 완료한다	성과개선	＿＿년 4월 1일	한 번에 완료된 헬프 데스크에 대한 서비스 요청 비율
고객 서비스 담당자에 관한 계약기준을 실시한다	팀 발전	＿＿년 6월 1일	고객의 헬프 데스크에 대한 평가점수
고객 서비스 담당자에 대해 일상전화 중 '추가'판매를 촉진시키는 교육을 한다	재무	＿＿년 8월 1일	고객서비스 부서의 수입
'세계 수준의 서비스'를 목표로 하는 경영개발 시리즈를 완료한다	개인계발	＿＿년 4월 1일	재작성을 요구하는 헬프 데스크에 대한 서비스 요청 비율
직원들의 비용절감 제안을 최소 25건 실시한다	재무	＿＿년 12월 31일	헬프 데스크의 지출

표 7·4	개인 성과계획의 한 사례

중복되지 않고 매우 상이한 책임이 있는 사람이 있다면, 당신은 각각의 종업원에 대한 개별적 스코어카드를 가지게 될 것입니다. 개별 프로젝트가 있는 프로젝트 관리자 팀이 포함되는 예도 있습니다. 그런 경우 프로젝트 완료, 프로젝트 성공, 사업 결과물과 같은 유사한 평가 척도들을 사용하지만 각각의 프로젝트 관리자들의 퍼포먼스 스코어카드는 고유합니다."

"물론 전 어느 누구도 할 수 없는 프로젝트를 소유한 몇몇 전문화된 엔지니어들을 보유하고 있습니다. 그들에게는 아마 개별 스코어카드가 필요한 것처럼 들리는데요?" 미구엘이 물었다.

"맞습니다. 반면에 당신 종업원들이 모두 동일한 직무를 갖고 있다면, 예를들어 전화교환수들의 경우는 개별 퍼포먼스 스코어카드가 필요 없습니다. 그들은 팀 전체의 성과에 기여하기 때문에 팀 수준의 스코어카드를 사용합니다."

"헬프 데스크의 서비스 전문가들도 마찬가지겠네요? 그들은 모두 걸려오는 전화를 다루는 유사한 일을 하므로, 팀의 퍼포먼스 스코어카드를 사용한다는 것이죠?" 캐더린도 질문했다.

"그렇습니다. 부하들과 계획에 관한 논의를 할 때까지는 개별 스코어카드가 필요할지, 또는 팀의 스코어카드가 필요할지는 알 수 없습니다. 여러분이 부하들과 일대일 면담 후에 결과물을 보고 개별이나 팀의 스코어카드냐를 검토해야 합니다. 늘 그래왔듯이 소수핵심평가척도에 초점을 두는 것을 잊지 마십시오. 주요 과제임구와 평가척도 작업이 끝나면, 1년 내내 지도할 기회를 만드십시오. 퍼포먼스 스코어카드를 사용하여 정규적으로 피드백하는 것도 기억하세요. 목적과 목표를 계속해서 추적한다면 피드백 방법이 개선될 것입니다. 여기에 피드백을 계속해서 해야 할 또 다른 좋은 이유들이 있습니다." 밥이 다음 플립 차트 위에 적으면서 말했다.

- 의사소통, 신뢰, 그리고 존중의 기초를 형성하시오
- 성과를 매일 긍정적인 방향으로 이동시키시오
- 성과수준, 우선항목, 그리고 책임에 대한 기대를 명확하게 하시오
- 부적절한 행동을 즉각 수정하시오
- 최종 성과 검토 기간에 뜻밖의 사태가 발생하는 것을 예방하시오

연결

3단계   지도할 기회를 마련하라

"비공식적 피드백이 많이 있으면 좋지만 일 년에 한 번은 공식적인 지도 기회를 갖도록 하십시오. 그 기회에 부하가 주요 과제임무 달성을 지향할 수 있도록 종업원 성과를 평가, 토의, 기록하도록 하십시오. 여러분이 자신들의 평가척도들을 올바르게 연결시키고 있다면, 종업원에게 제공해 줄 수 있는 차트와 측정 가능한 피드백을 할 수 있을 겁니다. 문제점이나 종업원 개발이 필요한지 아닌지를 검토하시고, 필요하다면 종업원의 개별 성과계획을 수정하십시오. 연결단계의 네 번째 절차는 연도 말에 부하들의 주요 과제임무와 스코어카드의 수치 목

표에 얼마나 잘 기여했는지를 평가합니다. 이 기회를 이용하여 성과의 긍정적인 면과 부정적인 면에 대한 정직하고 건설적인 피드백을 제공해 주십시오. 부하들이 스코어카드의 평가척도에 끼치는 영향과 기여도를 알 수 있도록 도와주세요. 지금 만들어 낸 연결이 강하면 강할수록, 다음 계획과 성과 주기에서 수치목표를 성취할 가능성이 높아집니다."

> 연결
>
> 4단계   평가를 요약하라

"그래서 평가 세션은 보너스와 승진 등을 통해서 적절히 이끌어야 하는 거로군요, 밥?" 빈스가 물었다. "결국, 우리는 보상을 결정하는 모든 하드 데이터를 퍼포먼스 스코어카드로부터 얻게 되는군요."

"말 그대로 바로 직결되는 건 아닙니다, 빈스." 밥이 대답했다. "어떤 시점에서는 성과와 임금을 연결시키고 싶겠지만, 그렇다고 급하게 행동하진 마십시오. 보상과 퍼포먼스 스코어카드를 바로 연결시킨다면, 보너스 계획에 맞추려고 과장된 수치가 나타나고 성과에 관한 올바른 수치를 손에 넣기 어렵습니다. 또는 사람들은 보너스에 영향을 주므로 측정평가에 저항하는 사람도 있을 겁니다."

"그럼 어떻게 하면 좋습니까?"

"일반적으로는 수 개월간의 시운전 기간 후에 보상과 평가척도를 연결할 계획을 갖고 있다는 걸 알게 해주십시오. 그렇게 하면 사람들은 평가척도들이 어떻게 실행되고, 자신들이 결과에 어떻게 영향을 미칠 수 있는지 알 수 있는 기회가 될 겁니다. 또한 여러분도 성과와 연결된 올바른 평가척도들을 갖고 있다고 확신하고 싶으시죠? 때때로 잘못된 것을 측정평가하여 결코 예상하지 못한 결과를 얻게 될 수도 있으니까요."

빈스는 끄덕이면서 말했다. "어떤 결함이 있는지 확인하기 위해 수개월이 필요하고, 그 상황을 보고 퍼포먼스 스코어카드를 보상과 연결시키는 것이 좋다는 말이군요. 또한 사람들이 평가척도에 익숙해지는 것도 필요하고, 보상 문제는 서두르지 않는 것이 좋다는 점도 알겠습니다. 석 달 이내에 다시 한번 다루어서, 우리의 작업집단이 준비가 되어 있는지 봅시다. 그러나 '세분화' 작업은 바로 시작했으면 합니다. 앞으로 30일 내에 부하 전원과 함께 개별 성과계획을 완료하기 위한 통보를 지금 막 받았습니다. 구체적인 예들에 대해서 적용하도록 하고, 관리자들이 종업원들과 함께 검토회의를 가지면서 어떻게 진행되는지 다음 정기 월간 검토 모임에서 다시 보고받도록 합시다."

밥도 동의했다. "그건 관리자들이 연결단계를 실험할 수 있는 절호의 방법입니다. 실행해 보는 것은 가장 좋은 학습방법입니다!"

관리자들은 2시간 동안 부하들에 대한 개별 성과계획의 초안을 생각했다. 관리자들은 개별적인 퍼포먼스 스코어카드를 필요로 하는 몇몇 종업원을 제외하면 대부분의 종업원들은 관리자들의 퍼포먼스 스코어카드와 평가척도들이 쉽게 연결된다는 것을 깨달았다.

워크스테이션 서비스 관리자인 맥스는, 스코어카드에 관한 논의가 자기 팀의 문제 영역을 좋게 변화시킬 수 있는지에 흥미가 생겼다. 그의 부

개인 성과계획			
직원명	직위	소속부서	상사
조안 베터즈	워크스테이션 기획 감독관	고객 서비스, 작업장 설치	맥스 맥퍼렌
주요 과제임무	목적의 형태	목표기한	관련 평가 척도
사양서와 작업일정에 따라 워크스테이션 기획과 준비를 완료	성과개선	＿＿년 2월1 일	• 시간 내에 설치된 워크스테이션 비율 • 워크스테이션 설치에 대한 고객만족도 평가
실험실 장치와 시설 업그레이드를 완료	성과개선	＿＿년 4월 1일	• 시간 내에 설치된 워크스테이션 비율 • 직원의 만족도
프로세스 관리와 감독 기능에 대한 관리 개발 섹션을 완료	개인계발	＿＿년 6월 1일	• 재작성을 필요로 하는 워크스테이션 설치 비율 • 직원의 만족도
실험설비 설치에 필요한 지출 10% 삭감	재무	＿＿년 8월 1일	• 워크스테이션 설치 경비
새로운 워크스테이션 모델을 평가하고, 저비용 고효율 해결책을 제안	성과개선	＿＿년 4월 1일	• 워크스테이션 설치 경비에 관한 고객만족도 평가 • 고객서비스 부서의 수입

표 7 · 5　워크스테이션 서비스 감독관의 개인 성과계획

하 중 감독자인 조안 베터즈*Joan Betters*는 워크스테이션을 설치하는 작업집단의 문제로 어려움에 봉착하고 있었다. 수차례에 걸쳐 설치담당자가 지각을 하여 문제가 되었는데, 그 원인은 작업집단이 설치와 소프트웨어 점검을 철저하게 하지 않았기 때문이었다. 맥스는 비용은 상승하면서 정시 설치 건수는 줄어들고, 고객만족 점수는 떨어진다는 걸 깨닫기 시작했다. 그래서 맥스는 조안을 위해 표 7 · 5에 나타나 있는 개별 성과계획의 초안을 작성했다.

맥스는 조안과 만나 함께 초안을 검토했다. 또한 워크스테이션 설치에 대한 고객만족 평가, 비용, 그리고 정시 설치 횟수 등에서 하락하는 것과 그의 워크스테이션 설치 퍼포먼스 스코어카드의 결과를 공유했다. 조안은 성과하락 때문에 놀라는 듯했고, 문제해결을 위해 기꺼이 행동할 것에 동의했다. 그녀는 비용 절감에 대해 걱정했고, 그 목표를 달성하기 위한 방법을 알지 못한다고 주장하면서도 노력할 것이라고 말했다. 다른 주요 과제임무들은 자신의 개발과 성과 측면의 필요성이 부합한다고 느끼기 때문에 측정평가가 가능한 피드백 사용을 환영했다. 그들은 개인계발, 사원계발, 서비스센터 개발과 관련된 다른 과제임무에 대해서도 대화를 나누었다. 그러한 과제임무와 연관된 평가 척도들은 개별 성과계획에 기록되고 조안의 사인을 받았다. 또한 중간 검토 날짜를 정하고 악수를 하면서 미팅을 마쳤다.

빈스의 다음 스탭 미팅에서, 맥스는 조안과 함께한 회의상황을 설명했다. 그는 일이 아주 잘 진행되어 흡족해했다. 그는 이미 조안의 팀에서 향상된 결과를 보았다. 그들은 정시에 설치하는 워크스테이션들을 증가시키면서 측정평가를 신중하게 검증하였고 결과를 향상시키기 위해 노력했다.

"제 부하인 모든 감독자들과 함께 성과계획을 마치면서, 나는 그들이 필요로 하는 피드백을 받지 못했다는 걸 깨달았습니다" 라고 맥스가 말했다. "모든 사람들은 우리에게 문제가 있다는 것에 놀라워했습니다. 나는 그들이 이 문제점들에 대해서 당연히 알고 있을 거라고 생각했습니다. 모든 감독자들은 긍정적으로 반응하였고, 기쁘게 자료를 받았습니다. 또한 모든 감독자들의 결과물을 요약하다 보니 제 퍼포먼스 스코어카드 몇 개도 바꿀 필요성을 느꼈습니다. 전 여러 감독자들의 평가척도가 있고, 워크스테이션 설치 수를 정리하기 위해 다른 요약 평가척도가 필요합니다."

연결

5단계　　연결과 결과를 점검하라

"아주 잘하셨어요, 맥스." 밥이 말했다. "여러분들 모두 비슷한 경험을 하고 있습니까?"

관리자들은 서로 고개를 끄덕이면서 그들 팀도 마찬가지로 '피드백을 받고 있지 않는' 상황에 대해 이야기를 나누었다.

"그건 그렇게 놀랄 만한 일이 아닙니다" 라고 밥이 말했다. "대부분의 사람들은 설명과 책임, 의무를 분담하기는 원해도 그것들이 어떻게 측정평가되며, 성공을 위한 수치목표는 어떤 것들이 되어야 하는지 모르기 때문에 그 욕구를 억제합니다. 퍼포먼스 스코어카드는 그러한 안개를 걷히게 하여 사람들이 평가척도와 성과에 대한 소유의식을 갖도록 도와줍니다. 그렇게 되면 그들은 결과를 통제하고 바람직한 수준까지 성과를 추진하기 때문에 보상으로 연결할 준비가 되는 겁니다. 지금 당신의 팀은 진보를 향해 열심히 일하고 있습니다, 빈스.”

빈스도 환하게 웃었다. “알겠습니다.”

요약

연결단계에서는 퍼포먼스 스코어카드의 평가척도를 일선 종업원들과 연결하여, 그들의 퍼포먼스 스코어카드를 팀 목적과 개별 성과계획에 일관성을 갖게 한다. 부하 한 사람 한 사람이 진행상황을 퍼포먼스 스코어카드의 평가척도들로 어떻게 검증하는지 이해할 수 있도록 도움을 주는 것이다.

개별 계획을 세우고, 지도의 기회, 평가 면담을 이용하여 부하 한 사람 한 사람의 기여도를 스코어카드의 평가척도와 사업 결과에 연결시키도록 돕는다. 이것은 종업원이 ‘소수핵심’ 에 그들의 노력을 연결시키면서 성과에 대한 소유의식, 수용, 책임을 형성한다. 또한 일정 기간 후에 성과급과 연결시키는 초석이 되며, 그들이 각각의 작업집단 내에서 평가척도를 추적하고 사용하는 기초를 마련하게 된다.

단계	스텝	결과
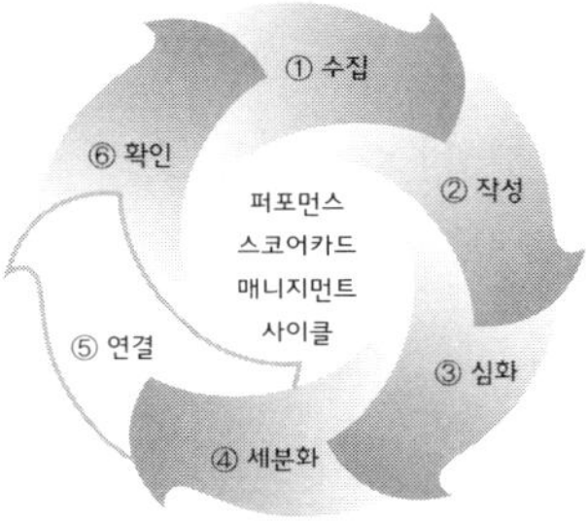 ① 수집 / ② 작성 / ③ 심화 / ④ 세분화 / ⑤ 연결 / ⑥ 확인 퍼포먼스 스코어카드 매니지먼트 사이클 5단계 : 연결	1.성과관리 프로세스를 점검하라 2.개인의 성과계획을 세워라 3.지도 기회를 마련하라 4.평가를 요약하라 5.연결과 결과를 점검하라	• 개인의 공헌이 퍼포먼스 스코어카드의 결과와 사업성과로 연결된다 • 스코어카드의 어느 부분을 다시 검토하고 조정해야 하는지 나타난다

텍사스 네임플레이트 회사(TNC)는 냉장고, 컴퓨터, 고압력 밸브, 그리고 군사장비 등에 대갈못을 박은 에칭된 글자를 사용한 작은 금속 꼬리표 표찰을 만든다. 1946년 이래 달라스에 있는 개인 소유의 작은 TNC 같은 회사가 세상의 주목을 받는 일은 없다고 생각할지 모른다. 그러나 1998년 말콤 볼드리지 전미 품질상, 1997년 그해의 텍사스 기업상, 1996년 텍사스 품질상을 수상했고, 단지 60명의 사원으로 구성된 기업으로는 지나칠 정도로 비지니스지에도 소개되었다.

제품의 결함을 제거하라는 고객의 주요 요구사항이 좋은 계기가 되었다. 완벽을 기하기 위해 TNC는 사업과 평가척도를 7개의 주요 성과영역들로 구성했다. 종업원만족, 공정한 이익, 환경에 대한 배려, 계획적인 성장, 고객만족, 프로세스 조직, 그리고 외부와의 접촉이 그것이다.

이 영역들 중 소수핵심평가척도 매출고, 이윤, 비준거부 총수, 고객불인정, 생산직 종업원당 수입, 정시 배송, 그리고 주문 완료 주기시간에 초점을 둠으로써 TNC는 상당한 이익을 얻었다. 전체 주문이 1994년에 약 6천 건에서 1998년에는 9천 건까지 비약적으로 늘어났다. 판매액 대비 총이익도 같은 기간 동안 50.5%에서 59%까지 상승하였고, 순이익은 배 이상 올라갔다. 시장점유율도 2.7%에서 5.1%로 높아졌으며, 생산직 종업원당 수익은 1993년 6만 6천불에서 1998년 추정치인 11만 3천불까지 올랐다.

일선에서 일하는 사원들을 참여시키기 위해 TNC는 엄격한 표준을 세웠다. 제품은 하자 없이 정시에 출하하는 조건으로 하며, 그것이 안 될 경우는 무료로 하는 것이었다. 1998년에 일상업무 혁신팀(DO IT)에 책임을 부여하면서 품질 통제 부서를 폐지했다. DOIT를 통해, 감독자들은 공장의 현장 종업원들에게 정보와 결과를 알릴 책임이 있었다. TNC 운영 관리자인 트로이 놀턴은 "현장 직원들도 어떤 문제가 일어나고 있는지 판단하여 가장 빠르게 조정할 수 있게 했다. 현장 직원 중 누군가가 문제를 갖고 있을 때는 어려움에서 벗어나도록 빠르게 도와준다. 정보가 생산현장 종업원들의 수중으로 들어갈 때, 불합격품을 몰아내는 가장 큰 효과를 만든다"고 했다.

일선 종업원들은 도전을 게을리하지 않았다. 과거 5년간에 무료가 된 발주 건수는 불과 4개뿐이었다. 품질개선으로 반품되는 제품들을 채우기 위한 초과생산량도 반으로 줄었다. 총생산량에서 차지하는 반품 비율도 1993년의 8%에서 오늘날 4%까지 하락했다. 매일 불합격품의 결과들이 게시되고, 불합격 비율이 5% 이하일 때 분기별 성과분배 지급과 연결시켰다. 지금까지 지불액수는 20만불이 넘었고, 개별 종업원에 대해서는 시간당 평균 1.26불이었다. "우리의 측정평가가 자리잡는 데 4년이 소요되었다" 라고 CEO 데일 크라운오버*Dale Crownover*는 말하면서 이렇게 덧붙였다. "확실한 측정평가 없이 성과분배제를 계획한다면 돈을 버리는 것과 같고 수습도 안 되는 상황이 될 것이다. 무결함 방침이 머리에 박혀 있다. 그것은 우리가 고객들과 한 약속이다. 우리에게는 가치 있는 목표임이 증명되었다. 사원들은 보다 높은 성과 수준에서 일하고 있다."

《Texas Namplate Company: All You Need Is Trust》 by Brad Stratton. *Quality Progress*(October 1998). Milwaukee, WI: American Society for Quality. Copyright 1998 American Society for Quality. Reprinted with Permission.

《Making the Pitch in the Executive Suite: How Quality Got to the Top with Six Baldrige Award Winners》 by Susan E. Daniels and Mark R. Hagen. *Quality Progress*(April 1999). Milwaukee, WI: American Society for Quality. Copyright 1999 American Society for Quality. Reprinted with Permission.

Baldrige National Quality Program(1999). *Board of Examiners Update*. Gaitherburg, MD: National Institute of Standards and Technology.

Confirm Your Scorecard

스코어카드의 확인

몇 달간의 퍼포먼스 스코어카드 개선 작업 후, 빈스는 그의 관리자 팀들과 퍼포먼스 스코어카드가 보다 정확하고 의미있는 피드백을 주는지 검토하고 확인했다. 그들이 평가척도를 개선할 때, 측정평가의 과정과 내용에 관한 문제들을 곰곰이 생각했다. 그리고 퍼포먼스 스코어카드 개발 주기의 마지막 단계로 사업이 변화를 필요로 할 때 스코어카드가 그 변화에 통용될 수 있는 계획과 과정을 만들 수 있도록 완성했다.

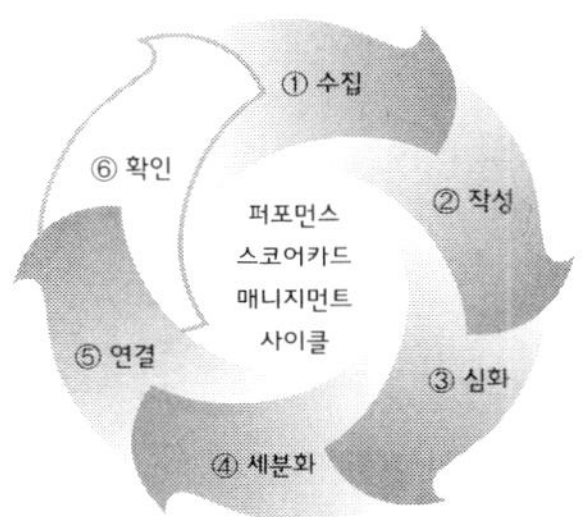

빈스의 관리팀은 월간 성과검토 회의를 열었다. 이날은 특별한 날이었다. 왜냐하면 빈스의 퍼포먼스 스코어카드 6개월 기념일이기 때문이다. 팀은 밥을 특별 손님으로 초대했다.

확인

단계   1. 당신의 퍼포먼스 스코어카드를 평가하라
       2. 개선을 최우선시하여 행동하라
       3. 측정 평가를 둘러싼 문제들을 확인하고 해결하라
       4. 퍼포먼스 스코어카드의 계속적인 개선 프로세스를 확립하라

회의는 시작되고, 빈스가 말했다. "그럼, 홀리, 가장 최근의 자료를 보도록 합시다."

홀리는 전기 영사기를 켜고 표 8·1에 나타난 전체 퍼포먼스 스코어카드를 보여주었다.

"고객만족 지수가 지난달보다 올라간 걸 보니 좋습니다." 빈스가 말했다.

"네. 헬프 데스크 평가가 올라갔고, 피드백 카드 평가도 약간 올라갔어요. 그러나 인터뷰 결과는 똑같은데요." 캐더린이 말했다.

"고마워요. 캐더린 지수에 의한 평가척도들과 여러 세부사항을 상기했습니다" 라고 빈스는 말했다.

"수익과 이익을 보세요. 대단합니다. 무엇이 이런 좋은 결과를 낳게 했나요?" 라고 미구엘이 물었다.

"몇 가지 요소들이 있는 것처럼 보입니다"라고 빈스가 말했다. "나는 모든 직무 영역에 걸쳐서 우리 전체 팀과 결과를 공유한 것이 판매를 더욱 의식하게 만든 거라고 믿습니다. 또한, 일선에 있는 사람들도 비용을 삭감하려는 움직임을 보이고 있습니다. 사람들이 사업에 무엇이 중요한지 이해하고 자신들의 노력이 측정 가능한 결과로 바뀌는 것을 알기 때문에 즐긴다고 생각합니다."

"수리 서비스가 정시에 완료되는 비율이나 재작업 요청 비율이란 척도에서도 동일한 요인들이 작용하는 것 같습니다. 우리 부서원들은 정시에 업무를 마치려고 노력해 왔습니다. 완전하게 끝마치기 위해 필요한 정보가 있는가 확인하려고 헬프 데스크 사람들 및 판매팀과 정기적으로 이야기 합니다. 그들은 그런 대화를 나누는 걸 상당히 기뻐하더군요." 맥스가 말했다.

"맥스, 아주 멋지네요. 목표치를 곧 달성할 것 같으니까 다시 한번 볼 필요가 있겠는데요"라고 빈스가 말했다.

"우린 벌써 앞서 달리고 있습니다, 빈스." 홀리가 말했다. "우리는 업계에서 최고의 성과를 올리기 위해 어떤 부분에서 목표를 재설정할 필요가 있는지 보기 위해 벤치마킹을 시작해 왔습니다."

"그렇다면 더욱 좋은 상황이군요"라고 빈스가 말했다.

"또한 요구분석에서 나온 결과를 보면 향상되고 있는 중입니다." 홀리가 말했다. "저희는 훈련 담당팀과 협력하여, 우리 부서원들이 조사해 확인한 중요한 기술들이 있는지 확인하기 위해 노력하고 있습니다. 어느 정도 기술 격차는 줄이고 있지만, 여전히 이 영역에서는 해야 할 일들이 남아 있습니다."

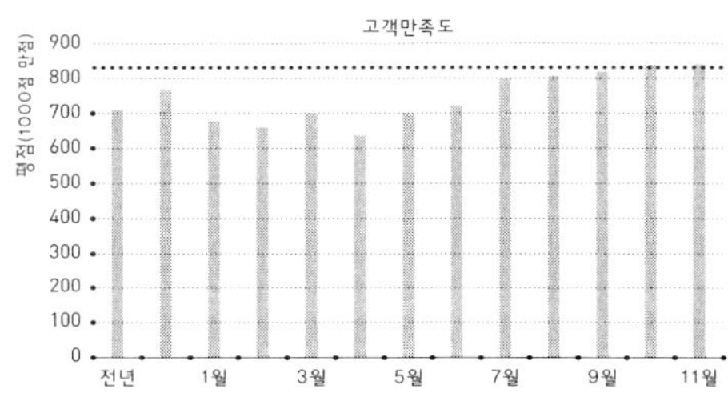

고객만족도

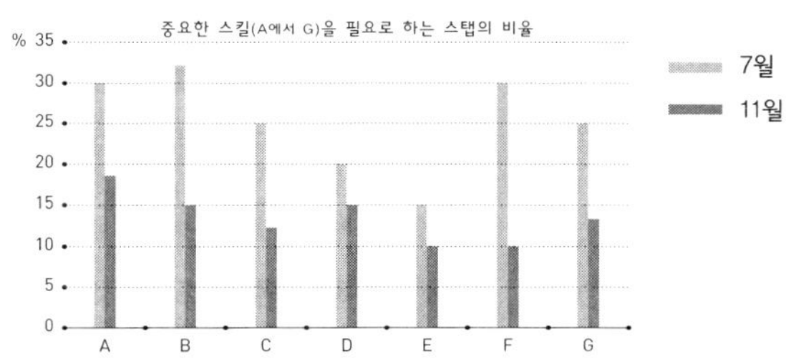

스탭의 숙련도

| 표 8·1 | 6개월 후의 솔브넷 고객서비스 부문의 스코어카드 |

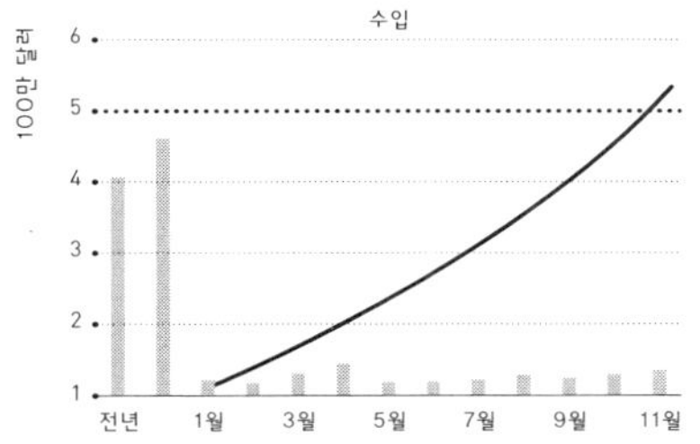 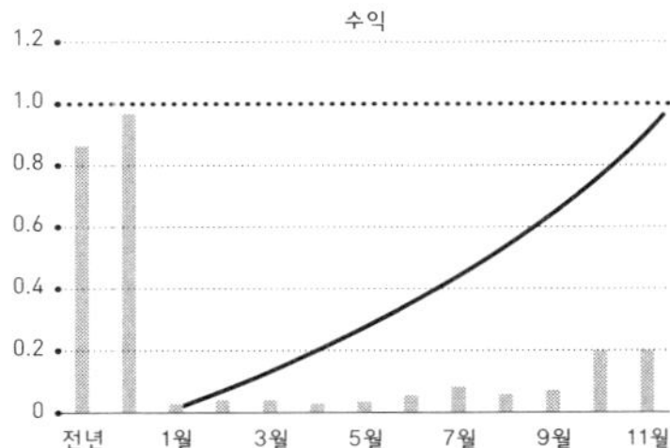

재무 건전성

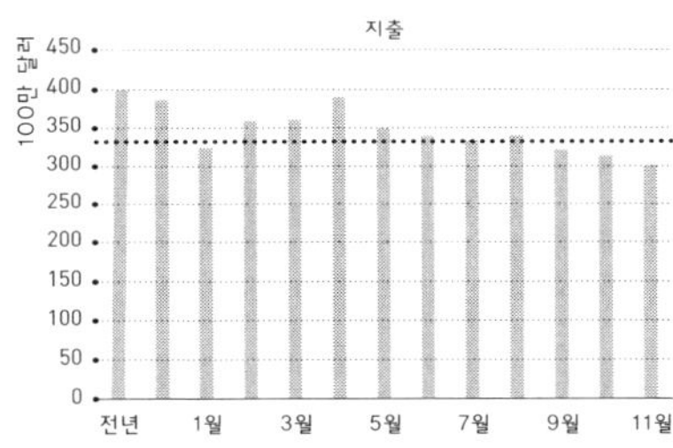 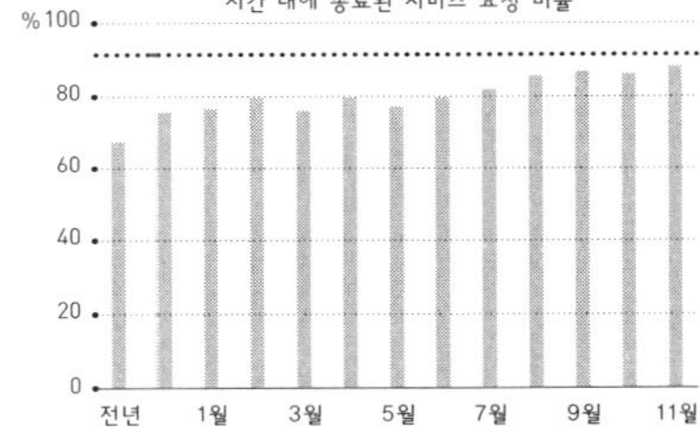

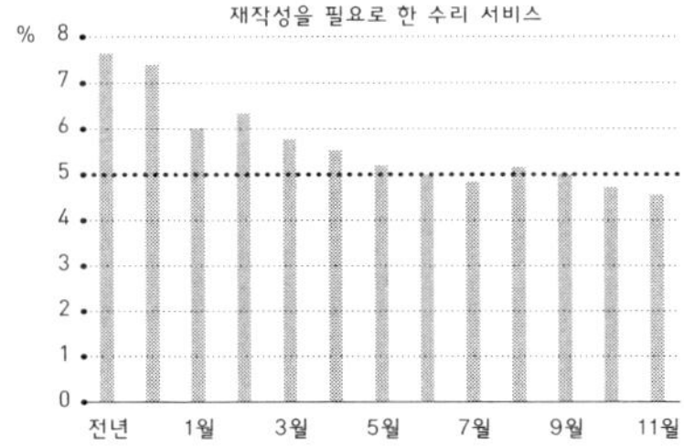 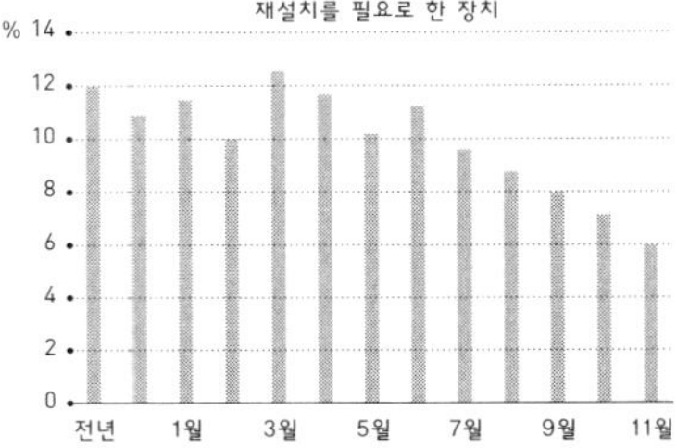

팀의 우수성

표 8·1	6개월 후의 솔브넷 고객서비스 부문의 스코어카드

“좋아요. 그리고 우리가 마지막 검토 때 논의했던 평가척도들, ‘종업원만족 그리고 훈련 결과들’에 대해 아직 문제가 남아있다는 걸 알고 있습니다.” 빈스가 말했다.

그리고 그들은 모든 측정평가에 대해 긍정적 개선 추세에 있다는 걸 알고 좋은 전환과 작업집단의 반응에 대해 몇 분 동안 토론을 계속했다. 전체적으로 종업원들의 피드백은 열성적이었다. 그들은 퍼포먼스 스코어카드를 마음에 들어하는 것 같았다. 측정 가능한 결과들은 호전되는 중이었다. 그리고 사기와 종업원 참여와 같은, 현재 측정되지 않은 영역들도 주목할 만하게 개선되는 중이었다. 모임이 막바지에 이르자 모두들 표면적인 대화만 했다

“빈스를 필두로 여러분들은 퍼포먼스 스코어카드를 개발하는 대업을 이루었습니다. 그러나 축하 분위기에 너무 도취되지 마세요. 아직 ‘확인’이라는 단계가 하나 더 남아 있습니다” 라고 밥이 말했다.

“확인?” 빈스가 되물었다. “숫자를 보고 부하들과 얘기를 하는데⋯ 물론 우린 아직 남아있는 영역들도 있지만 지금까지의 결과는 상당히 만족스럽습니다.”

“여러분들이 기뻐하는 걸 보니 저도 기쁘지만, 확인했을 때 의문점은 생기지 않던가요?” 밥이 물었다. “빈스, 당신의 퍼포먼스 스코어카드는 아직 미완성입니다. 더욱이 관리자 여러분도 각각의 퍼포먼스 스코어카드에 대해 모든 문제가 해결되었다고 생각치 않습니다. 또한 스코어카드 변경을 어떻게 관리할 것인지도 고려해야 합니다. 새로운 서비스와 시스템을 추가하는 것에 대해 말했었죠? 그 영역들은 어떻게 측정평가할 건가요?”

빈스는 밥을 진지하게 쳐다보면서 고개를 끄덕였다. "맞습니다. 시작한 일을 마지막까지 끝낼 필요가 있습니다. 일이 호전되는 것을 보니 너무 기쁜 나머지 그만…"

"퍼포먼스 스코어카드는 결코 끝나지 않았습니다. 여러분의 사업이 변화하는 한 퍼포먼스 스코어카드도 이에 맞춰 갈 필요가 있습니다."

나머지 사람들도 주변적인 대화를 멈추고 밥을 바라보았다.

"그럼 해야할 것이 무엇입니까?" 미구엘이 물었다.

밥이 설명했다. "퍼포먼스 스코어카드 개발 과정의 마지막 단계인 확인은 4단계로 되어 있습니다. 확인을 끝냈다 하더라도 퍼포먼스 스코어카드를 끝낸 것은 아닙니다. 평가척도에 영향을 주는 사업 변화들에 민감해야 합니다. 예를들어 제품, 서비스, 프로세스, 조직 구조, 목적, 목표 등은 변화합니다. 여러분의 퍼포먼스 스코어카드가 정지되는 일은 거의 없습니다. 여러분 사업이 극적으로 크게 변한다면, 전체 퍼포먼스 스코어카드 개발도 다시 시작해야할 필요가 있을 수 있습니다."

확인

단계 1 당신의 퍼포먼스 스코어카드를 평가하라

"확인단계 절차에 대해 가르쳐 주세요. 퍼포먼스 스코어카드를 최신화하려면 어떻게 해야 하나요?" 앤이 물었다.

"그 절차들은 간단해요. 더욱 중요한 것은, 평가척도를 개선할 때 갑

자기 나타나는 이슈들에 대응할 방비가 필요합니다. 지금부터 확인 절차들에 대해 설명하면서 일상적으로 퍼포먼스 스코어카드의 변화를 관리하는 과정을 어떻게 만드는지 요령을 알려 드리겠습니다."

밥은 그들에게 자료를 배부했다.

"6개월 기념일은 여러분의 퍼포먼스 스코어카드를 평가할 수 있는 좋은 기회입니다. 자료에는 퍼포먼스 스코어카드 채점표와 문제처리를 관리하는 몇 가지 요령이 적혀 있습니다. 나는 퍼포먼스 스코어카드를 평가하고 그것들을 최신 상태로 유지하기 위한 몇 가지 문제들을 지적하기 위해 6개월 내지는12개월마다 이 조사를 하셨으면 합니다. 조사표를 보시죠. 그것은 세 개의 주요 영역을 평가합니다."

- 퍼포먼스 스코어카드 적합성
- 퍼포먼스 스코어카드 프로세스
- 퍼포먼스 스코어카드 내용

전문가 조언

확인 결과물
- 퍼포먼스 스코어카드 자체의 채점평가
- 퍼포먼스 스코어카드 개선 전략 및 계획들
- 개선된 퍼포먼스 스코어카드 평가

"이것은 여러분이 성과를 솔직하게 측정, 관리하기 위한 주요 도구를 평가할 기회입니다. 그 결과들을 아는 건 오로지 여러분 자신이며, 자신의 퍼포먼스 스코어카드의 약점을 정확히 지적하는 데 도움을 줄 것입니다."

"지금 기입하는 건가요?" 맥스가 물었다.

"네, 여러분의 퍼포먼스 스코어카드와 여러분의 부서 내용을 기입해 주십시오. 여러분의 팀은 책임분담이 단위별로 되어 있으므로 그것이 작업집단이건 부서건, 통제범위 하에 있는 영역입니다. 각 항목을 완성한 뒤 5점 척도를 이용해 각 항을 평가하고, 마지막에는 결과들을 계산하고 해석하세요."

밥은 서베이 평가척도를 설명하고 관리자들에게 다음 페이지의 서베이를 완료하는 데 15분의 시간을 주었다.

퍼포먼스 스코어카드 확인 테스트

부문 A: 퍼포먼스 스코어카드의 적합성 평가하기

아래의 각 항을 읽어보시오. 각각에 대해 아래의 응답 척도에 기초를 두고 평가척도가 어느 정도 사업전략들과 적합하는지 평가하시오.

5 = 매우 동의함   2 = 동의 안 함

4 = 동의함   1 = 매우 동의 안 함

3 = 동의도 비동의도 아님

1. 퍼포먼스 스코어카드는 우리 팀의 사업 목적에 초점을 맞추도록 도움을 준다.

2. 우리 팀의 목적과 평가척도는 우리 회사의 목표와 전략적 우선사양과 연결되어 있다.

3. 우리 팀의 목적, 평가척도, 목표는 고객의 요구와 연결되어 있다.

4. 우리의 퍼포먼스 스코어카드의 평가척도는 팀 내에서 전반적인 회사전략의 이해를 높여준다.

5. 고객의 요구들은 팀의 목적과 평가척도를 결정하기 위해 사용된다.

6. 공급자들과 관련된 우리의 목적과 평가척도들은 확인되고 검토하고 있다.

7. 우리는 팀의 퍼포먼스 스코어카드 측정을 위해 분명하고 적절한 성과목표를 세운다.

8. 우리 팀의 퍼포먼스 스코어카드 평가척도에 의해 분명한 개선 목적을 확인하게 한다.

9. 퍼포먼스 스코어카드와 평가척도 작성을 통해 우리 팀의 적절한 사람들에게 정보가 제공되고 이에 참여시키고 있다.

10. 우리의 공급자, 고객, 관련 프로세스에 있는 적절한 사람들이 퍼포먼스 스코어카드 작성 프로세스에 포함된다.

소계

부문 B : 퍼포먼스 스코어카드 프로세스 평가하기

다음 각 항을 읽고, 아래의 척도를 사용하여 각 항에 대해 팀이 퍼포먼스 스코어카드작성과 활용은 어느 정도 성공적인지 평가하시오.

5 = 매우 동의함   2 = 동의 안 함

4 = 동의함   1 = 매우 동의안 함

3 = 동의도 비동의도 아님

부문B : 스코어카드 프로세스	평가 (5~1)
11. 퍼포먼스 스코어카드를 효과적으로 검토 평가하기 위해 문서작업과 관리 경비는 최소한으로 한정되고 있다.	
12. 우리의 퍼포먼스 스코어카드 평가척도들은 사업 책임과 통제 영역에 적절하다.	
13. 관리자들과 종업원들은 측정평가의 정확성과 성과 결과에 책임을 지고 있다.	
14. 검토에 따라 퍼포먼스 스코어카드 결과들은 적절한 방식으로 행하고 있다.	
15. 성과 목표치는 시스템의 실질적이면서 바람직한 역량에 기반을 두고 있다.	
16. 퍼포먼스 스코어카드 측정 자료는 성과 발생 시 모아진다. (즉, 활동이 끝난 2주 후가 아니라 직후에 바로 기록되고 있다)	
17. 측정 자료는 보고된 결과의 진실과 완전성을 확인하기 위해 보호되고 검사된다.	

18. 퍼포먼스 스코어카드 자료들은 결과에 책임지는 사람들이 규칙
    적으로 검토한다.

19. 퍼포먼스 스코어카드의 성과 결과는 부서 종업원들이나 다른 이
    해관계자에게 효과적으로 전달되고 있다.

20. 우리 팀의 목적, 프로세스 책임, 고객의 기대에 적절한지 확인
    하기 위해 우리는 퍼포먼스 스코어카드 상의 평가척도들을 정기
    적으로 검토한다.

소계

부문 C : 퍼포먼스 스코어카드 내용 평가하기

다음 각 항을 읽으시오. 각 항에 대해 아래의 척도를 이용하여 당신
팀의 퍼포먼스 스코어카드 내용을 평가하시오.

5 = 매우 동의함   2 = 동의 안 함

4 = 동의함   1 = 매우 동의 안 함

3 = 동의도 비동의도 안함

부문C : 스코어카드 내용	평가(5~1)
21. 우리 팀은 주요 사업목적에 대한 성공을 감시하고 평가할 때 평가척도를 사용한다.	
22. 우리 팀의 퍼포먼스 스코어카드는 재무적 성취, 프로세스 성과, 고객만족, 그 외 주요 성과 영역에 대해서도 주요 지표를 균형있게 제공하고 있다.	

23. 우리 팀의 퍼포먼스 스코어카드 각각의 평가척도는 과거의 추세, 현재의 수준, 희망하는 목표치가 분명하다.

24. 우리의 퍼포먼스 스코어카드는 입력, 프로세스, 그리고 결과 평가척도들 간의 균형을 제공하고 있다.

25. 우리의 퍼포먼스 스코어카드 평가척도들은 경영관리층 또는 종업원의 개선 행동에서 나오는 변화들을 반영한다.

26. 우리의 퍼포먼스 스코어카드 평가척도에 의해 시스템과 프로세스의 성과 역량에 대한 분명한 이해를 제공한다.

27. 우리는 퍼포먼스 스코어카드 평가척도들(예를 들면, 고객만족 변화에 의한 수익 변화를 예측 가능) 간의 관계를 수량화말 수 있다.

28. 일선 프로세스 팀에서 제공된 평가척도들은 경영관리자의 퍼포먼스 스코어카드와 연결되어 있다.

29. 우리 팀의 퍼포먼스 스코어카드 평가척도는 신뢰성이 높고 정확하고 완벽한 정보를 제공한다.

30. 우리의 퍼포먼스 스코어카드 평가척도는 성과를 확인하고 의사결정을 지원하는 중요한 자료를 제공한다.

소계

계산하고 결과 해석하기

다음 페이지의 차트에 각각의 점수를 합하라

채점한 소계	점수
A : 퍼포먼스 스코어카드 적합	
B : 퍼포먼스 스코어카드 프로세스	
C : 퍼포먼스 스코어카드 내용	
	합계

채점 결과

- 총합계가 125~150점 사이라면 퍼포먼스 스코어카드 계획, 내용, 프로세스는 훌륭한 상태이다. 퍼포먼스 스코어카드에 몇몇 작은 변경은 필요할지 모르나 커다란 변경은 필요없다.
- 총합계 점수가 75~124 사이라면 퍼포먼스 스코어카드 내용과 프로세스들을 음미하고 조사하라. 다음 퍼포먼스 스코어카드 개발 주기를 계획하여 사업 목적과 퍼포먼스 스코어카드의 평가척도를 수정하는 데 적절한 사람을 참여시켜야 한다.
- 74 이하면 최우선적으로 퍼포먼스 스코어카드의 평가척도를 조사하라. 당신의 평가척도를 수정하고, 당신과 당신 팀이 적절한 성과 피드백을 받을 수 있는 다른 관리자나 외부 인사에게 연락하라.

15분 후 밥은 관리자들에게 그들의 점수를 요약해 달라고 요구했다. 밥은 그들이 개인점수를 기록할 때의 반응들에 주목했다.

"캐더린과 미구엘은 채점 결과에 만족하는 것 같은데 무언가 할 말 있습니까?"

캐더린이 끄덕였다. "저는 95점입니다. 아주 좋은 점수는 아니지만 아직 학습중이라는 걸 감안하면 좋은 편이죠. 일관성을 갖고 균형을 이루고 있는 점은 좋은 거 같아요. 그러나 내용면은 약간의 노력, 프로세스면에서는 더 많은 노력이 필요할 것 같습니다. 헬프 데스크 측정 평가를 모으고 보고하기 위해 합리화된 시스템 구축이 필요합니다. 지금은 너무나도 노동 집약적입니다.”

“고마워요, 캐더린. 미구엘은 어때요?” 밥이 물었다.

“저희는 88점인데 우선은 좋은 점수라고 생각합니다. 그러나 채점을 하고 나서 느낀 점은 공급자들과 함께 검토하지 않았다는 것입니다. 저희 공급자 대부분은 내부 사람이고, 작업 명령과 사양의 명세내역을 주기 때문에 그들이라면 아주 쉽게 검토할 것 같습니다. 캐더린처럼 완벽한 점수를 얻은 것은 아니지만, 옳은 방향으로 향하고 있는 것만은 확실한 듯 싶습니다.”

“좋아요, 미구엘. 계속 개선하면서 공급자들과도 함께 얘기를 나눠 보세요. 앤, 당신의 점수는 어떻게 나왔나요?”

“합계 점수를 말할 심경이 아닙니다.” 앤은 얼굴을 찡그리며 말했다. “저희는 시작을 잘못한 것 같아요. 잘한 영역이 하나도 없어요.”

“짐작되는 이유는 있나요?” 밥이 물었다.

앤은 다른 사람들을 힐끗 둘러봤다. “솔직하게 말하면, 저희가 프로세스를 단축시키려 했기 때문이라고 생각됩니다. 저희는 네트워크 이용 도수, 수리하는 데 걸리는 평균시간, 그리고 다른 기술적 평가척도들 같은 시스템 성과에 대한 평가척도를 사용했습니다. 그러나 고객의 요구사항이나 기대 요소는 사용하지 않았습니다. 또한 비용, 고객만족, 그리고 종업원 개발 같은 지표들에 대해서는 자료를 철저하게 수집하지 않았습니다. 그러므로 다음 절차에서는 이 결함을 채워야 할 것 같습니다."

확인

2단계 개선을 최우선시하여 행동하라

"좋아요. 그래서 이렇게 채점을 하고 개선해야 할 영역을 부각시킨 겁니다" 라고 밥이 말했다. "여러분들이 개선할 필요성을 인정할 정도로 충분한 신뢰를 쌓아왔다는 것은 아주 바람직한 일입니다. 맥스, 당신은 어때요?"

"저희는 모든 것이 잘되고 있다고 생각했습니다. 그러나 채점을 하고 나니 곤혹스럽군요. 저희는 해야 할 것을 많이 해 왔습니다. 더욱더 신속하게 평가척도를 모으는 것에서부터 자료를 안전하게 보전하고, 공급자의 평가척도들을 새롭게 하고, 보다 많은 사람들을 검토회의에 참여시키는 일들을 전부 해 왔습니다. 따라서 이 점수를 인정하는 건 고통스럽지만 조사 자체는 만족스럽습니다. 저흰 아직 퍼포먼스 스코어카드에 대해 충분히 이해를 못한 듯합니다." 맥스가 대답했다.

"그래서 이 단계가 퍼포먼스 스코어카드 개발에 필요한 이유입니다. 때때로, 최초의 결과로 여러분들이 끝마쳤다고 믿는 경우가 있습니다. 그러나 퍼포먼스 스코어카드는 여러분 사업의 긴 여정과 함께하는 것으로, 점검하는 기간을 두고 여러분들의 퍼포먼스 스코어카드를 계속적으로 새롭게 하기 위한 백업이 필요하답니다. 여러분은 이미 2단계인 개선을 우선시하고 행동으로 옮기는 절차를 시작했습니다. 여기서 가장 중요한 것은 채점결과에서 발견한 것을 행동으로 옮기는 일입니다. 어떤 퍼포먼스 스코어카드도 완벽하지 않습니다. 더잘 만들기 위해 연구와 개선활동을 계속해야 합니다. 여러분들이 본 것처럼, 채점에 따라 어디를 수정할 필요가 있는지 결정하게 합니다. 채점용 조사 항목에 써있는 답을 다시 한 번 재검토해 보면 개선사항이 부각될 것입니다. 개선하기 위해서는 어떤 행동이 요구되고, 누가 그 행동에 책임이 있고, 언제 그 행동을 시작하고 멈출지 명확하게 하십시오. 제가 드린 자료에는 여러분이 개선행동을 특정화하는 데 도움을 줄 작업표가 들어 있습니다."

밥의 작업표는 표 8 · 2에 나타납니다.

대책 (무엇을 해야 하는가)	대책 책임자 (누가 실행할 것인가)	기한 (언제까지 실행할 것인가)

표 8 · 2	퍼포먼스 스코어카드의 적합성, 프로세스, 내용 개선방안

"밥, 이 조사로 우리들의 스코어카드에 관한 실태가 여실히 나타났기 때문에 고백하겠습니다." 빈스가 마지못해 말했습니다. 관리자들이 빈스를 쳐다보니, 그는 창피해 하는 것처럼 보였다. "퍼포먼스 스코어카드는 상당히 맘에 듭니다만, 내가 예전부터 사용하던 익숙한 보고서들을 전부 폐지해야겠다는 각오가 서질 않아요. 앞으로는 더 이상 사용하지 않도록 하겠지만, 모든 것을 없애기는 힘들 것 같아요. 그것들은 안도감을 주는 담요와 같습니다. 또한, 쟌 라슨 사장이 나에게 그런 보고서에 대해 물을까 걱정도 됩니다. 내가 이상한 건가요?"

확인

3단계   측정 평가를 둘러싼 문제들을 확인하고 해결하라

밥이 웃었다. "이상하지 않아요. 사실 지금까지 퍼포먼스 스코어카드 프로젝트에서 비슷한 경우를 보아 왔습니다. 흔한 일이지요. 왜냐하면 사람은 누구나 변화와 성과 감시에 대해 반응을 나타내기 때문입니다. 측정평가는 행동을 조정합니다. 여러분의 스코어카드 평가척도는 기대되는 행동변화를 촉진하는 신호입니다. 사람에 따라서는 불안감을 줄 수 있기 때문에 여러 걱정과 문제가 발생한다는 것을 각오하셔야 합니다. 따라서 확인단계의 세 번째는 측정평가 문제를 확인하고 해결하자는 겁니다."

"그 밖에 어떤 문제가 예상되나요?" 미구엘이 물었다.

"기다렸던 질문입니다. 여러분께 나누어 드린 자료 속에 요약해 두

었습니다." 밥이 대답하자 모두 웃었다. "측정평가를 늦추려 하거나 제한하는 것도 있습니다. 모르기 때문에, 그리고 모르는 것을 드러내는 두려움 때문에 측정평가에 저항하는 사람들도 만나게 될 것입니다."

"맞아요, 우리 팀에도 그런 사람이 있었어요" 라고 캐더린이 동의했다. "그럴 땐 어떻게 다루어야 할지 모르겠어요."

"그런 문제를 처리하는 전략에 대해서는 즌시 후에 짚어보죠." 밥이 말했다. "다행인 건 대부분의 사원들은 퍼포먼스 스코어카드를 개선하는 데 아이디어를 제공한다는 점입니다. 평가척도의 개수를 제한하고 개선해가는 노력이 필요합니다. 모든 것은 여러분의 스코어카드의 존재 이유, 즉, 사업 성과를 개선하는 것에 주안점을 두는 것입니다. 나누어 드린 자료에 써 있는 문제점 목록을 보면서 되짚어봅시다. 여러분이 지금까지 보아온 문제점들이 있다면 체크해주세요. (그 목록들은 표 8·3에 나타나 있다) 지금부터 발생할 수 있는 문제는 많이 있습니다만, 여기 써 있는 것은 그중에서도 흔히 발생하는 것들입니다. 여러분들의 경우는 어떻습니까? 여러분들의 팀에서 발생한 문제점은 어떤 것이죠?"

"이건 상당한 도움이 됩니다. 왜냐면 저만 어떻게 해야 좋을지 모르고 있다고 생각했기 때문입니다." 앤이 말했다. "저의 작업집단은 네트워크 디자인을 전문으로 하는데 측정평가가 안 된다고 주장합니다. 전 그런 그들에게 대답을 할 수가 없었습니다. 그들은 프리마돈나 신드롬을 갖고 있는 것처럼 보였습니다. 그들의 작업을 측정할 수 있다고 생각합니까, 밥?"

"어떤 종류든 업무의 결과가 있다면 측정평가할 수 있습니다. 그들

이슈	내용
두려움	평가척도가 팀 또는 개인의 성과평가에 어떻게 사용되는지 걱정되어, 결과적으로 측정평가에 저항한다.
속임수 쓰기	목표를 달성하기 위해 결과를 조작하여, 실제로는 사업 결과에 아무런 변화가 없다.
책임전가 / 비난하기	성과상의 문제들을 다른 사람이나 관계없는 원인 탓으로 돌린다.
과잉반응하기	정상적 범위 내의 결과변동에 대해 과민반응하고, 대책이나 조사 프로세스 변경 등 비생산적인 행동을 반복한다.
프리마돈나 증후군	특정팀의 활동이 독특해서 측정할 수 없다고 주장한다.
리누스 증후군	'땅콩'이란 만화의 등장인물의 이름을 따서 명명한 증후군으로 '진부한 평가척도들의 안전모포'를 버리지 못하고 있다.
만병통치약 증후군	계획, 검토, 점검, 그리고 행동을 하지 않고 오직 평가척도만이 성과문제를 해결할 것이라는 믿음을 주장하고 있다.
커다란 막대기 증후군	프로세스와 개선관리에 초점을 두기보다 성과가 빈약한 관리자를 꾸짖기 위해 평가척도를 사용한다.
거부	효과적인 평가척도들에 의해 드러난 사실을 수용하지 않는다.
과민증	사실적이며 바람직한 결과와는 관련이 없는 활동들을 측정평가한다.
연막치기	측정을 복잡하게 하여 아무도 이해하지 못하도록 한다.
측정광	스코어 카드를 필요 이상으로 많은 평가척도로 사용한다.

표 8 · 3	퍼포먼스 스코어카드 개발 시에 발생하는 문제

의 결과물, 고객의 요구, 그리고 작업 프로세스 목록을 만드는 것부터 시작하세요. 평가척도는 팀이 결과로 나타낸 것으로 필요조건을 만족시키고, 프로세스를 관리하는 능력을 지탱할 수 있는 것으로 해야 합니다. 다른 사람은 어떤가요?”

“제 통합 테스팅 작업집단은 거부반응을 나타내고 있습니다. 많은 테스트작업이 늦어져 있고 완전하지 못하다는 걸 보여 주었으나, 그들은 우리 자료가 잘못되었다고 말합니다. 그래서 조사를 해 보았는데 자료는 틀리지 않았습니다.” 미구엘이 말했다.

“저의 두 번째 교대 헬프 데스크 작업자는 퍼포먼스 스코어카드에 푹 빠져서 모든 것을 측정하려고 합니다. 지난 밤, 상담원들의 휴식 횟수와 휴식 시간을 측정하라고 했습니다. 그들은 생산성을 높이기 위해 즐거운 마음으로 하고는 있으나 약간 도가 지나치다고 생각했습니다” 라고 캐더린이 말했다.

“측정광의 나쁜 케이스로 들리는 군요.” 맥스가 말했다. “저도 그런 경우를 보았는데 과잉반응하는 것이 문제인 것 같습니다. 제 부하들은 매일 세 번씩 그 결과를 보기 원하고, 조금이라도 하락하는 경향이 보이면 무척 걱정합니다. 약간의 변동은 예상되는 것이므로 과도하게 놀라지 말라고 해도 알아듣지 못하고 있습니다. 우리는 장기적인 개선에 더 관심이 있는데 말입니다.”

“그렇군요. 여러분들은 팀이 정상이라고 보고 있군요.” 밥이 말했다. “이 같은 예들을 발표해 주서서 고맙습니다. 이러한 행동에 어떻게 대처해야 하는지 몇 가지 전략을 알려드리겠습니다. 다음 장을 봅시다.”

밥은 표 8·4에 나타난 자료를 언급하면서 설명했다. “여러분이 관찰한 것으로부터 스코어카드에 관한 문제들을 해결하기 위한 행동을 결정하십시오. 대부분의 문제들은 사람들이 무엇이 측정평가되고 왜 측정평가를 하는지 이해하지 못하기 때문에 생깁니다. 이를 해결하는 데는 의사소통이 필수적입니다. 상황의 심각성은 팀의 영향력에 따라 다르지만 여기에 고려할 몇 가지 전략들이 있습니다."

"이건 도움이 많이 될 것 같네요, 밥." 빈스가 말했다. "우리가 무모하지 않게 앞으로도 팀원에게 퍼포먼스 스코어카드를 이해시키고 계속 사용하도록 도울 필요가 있다는 걸 알게 해 주었습니다."

> 확인
>
> 4단계   퍼포먼스 스코어카드의 계속적인 개선 프로세스를 확립하라

"그렇습니다. 퍼포먼스 스코어카드를 개선해 갈 때 문제들은 계속 나타날 겁니다. 그건 정상적인 현상입니다. 시간이 흐르면 여러분의 사업, 제품, 고객, 프로세스에 변화가 일어나므로 문제점들은 평가척도를 최신화할 필요성에 초점을 두기 시작할 겁니다. 확인단계에서의 마지막 절차는 규칙적으로 퍼포먼스 스코어카드 변화를 처리해 가는 지속적인 프로세스를 확립하는 것입니다.

"지금 하신 말씀에 대해서 설명해 줄 거죠?" 앤이 웃으면서 물었다.

"물론이죠." 밥은 씩 웃으며 대답했다. "퍼포먼스 스코어카드 변경시는 세 가지 주요 요소가 있습니다."

● 평가의 문제점, 의문, 그리고 변경 제안의 중심점 역할을 하는 측정평가 책임자
● 측정평가 변경과 문제점을 다루는 측정평가 조정팀
● 상급 관리자들의 참여와 관리

"측정평가 관리자는 측정평가 책임자 역할을 하는데 관리자, 스탭 전문가들, 또는 감독자 그 누구라도 상관없습니다. 측정 책임자는 관리 활동을 통해 문제들을 해결하거나 측정평가 조정팀에게 문제들을 건네줍니다. 또, 측정평가 조정팀의 관여를 필요로 하지 않는 문제들에 대해 의사결정을 합니다. 측정평가 조정팀은 관리자들 또는 당신 팀 내의 직무 대표자들로 구성됩니다. 그 팀은 필요할 때, 대개 매달 한 번 정도 소집됩니다. 조정팀은 평가척도를 수집하고 보고하기 위한 시스템을 승인하고, 팀 전체에 영향을 줄 수 있는 평가척도 변경 제안들을 검토합니다. 조정팀은 평가척도의 정당성을 확인하고 올바른 평가척도의 사용을 촉진합니다. 팀의 상위 관리자는 측정평가 조정팀을 설립하고 팀 운영이 원활하도록 합니다 상위 관리자는 조정팀으로의 역할도 합니다. 조정팀에서 해결할 수 없는 제안들과 문제점들은 상위 관리자들에게 위임됩니다."

"그럼 상위 관리자 역할은 내가 맡으라는 말입니까?" 라고 빈스가 물었다.

"그렇죠. 당신의 리더십이 중요합니다. 동시에, 부하들에게 평가척도를 계속 새롭게 하여 사업성과를 개선하기 위한 평가척도와 연결된 문제점을 제기하고 해결하는 데 참여하십시오."

1. 사실에 의해 관리하며 평가척도를 사용한다는 것을 분명히 하라.

2. 평가척도를 새롭게 하기 위한 제안들을 요구하라.

3. 퍼포먼스 스코어카드를 당신의 작업팀 모든 구성원들에게 개별적으로 설명하라.

4. 다음번 퍼포먼스 스코어카드 검토 시는 당신 팀 구성원 모두를 소집하라.

5. 정기적인 스코어카드 검토회의 시 팀 구성원들을 순환하라.

6. 작업팀 내에서 퍼포먼스 스코어카드를 설명하라. 검토 시의 절차들과 그 결과, 일어난 일을 설명하라.

7. 검토 시의 절차들과 그 결과, 일어난 일을 설명하라.

8. 퍼포먼스 스코어카드를 공개하라.

9. 퍼포먼스 스코어카드를 공개하는 날에 여러 작업팀 구성원들에게 퍼포먼스 스코어카드를 부분별로 설명하라.

10. 복사 또는 전자적으로 퍼포먼스 스코어카드를 배포하라.

11. 휴식시간과 점심시간에도 평가척도와 현재의 성과수준에 관해 피드백하고 토의하는 것을 격려하라.

12. 퍼포먼스 스코어카드를 회사의 인트라넷에 올려라.

13. 대책팀을 구성하려 평가척도를 새롭게 하라.

14. 본인이 아닌 다른 사람에게 퍼포먼스 스코어카드 결과를 설명할 리더를 지명하라.

15. 개선에 대한 건의에 대해서 마감 기한을 주어라.

16. 팀 내에서 퍼포먼스 스코어카드 결과의 정당성을 규칙적으로 검증할 사람을 한 사람 지명하고 역할은 순환시켜라.

17. 팀 구성원들이 평가척도를 적절하게 해석하고 이용하도록 훈련하라.

18. 팀 구성원들을 목표를 세우는 데 참여시켜라.

19. 평가척도의 정의, 그래픽, 목표지에 대한 개선을 요구하라.

20. 가장 좋은 평가척도들(반드시 가장 좋은 결과는 아니다)과 장려책을 결합하라.

"누가 조정팀이 되나요? 우리 모두입니까?" 미구엘이 물었다.

"여러분 모두와 중요한 몇몇 리더적 부하들을 참여시키라고 제안하고 싶습니다. 여러분도 그들이 함께 소유의식을 갖고 참여해 주길 바라죠? 배포한 자료에 측정평가의 변경을 관리하기 위한 세 가지 주요 요소들을 시험할 수 있는 간단한 프로세스의 흐름도가 있습니다." 밥의 흐름도는 표 8 · 5에 그려져 있다.

"여러모로 감사해요, 밥." 빈스가 말했다. "당신은 우리에게 퍼포먼스 스코어카드를 어떻게 성공적으로 만드는가 아주 잘 설명해 주었습니다. 우리는 문제를 다루고 변화 프로세스를 세우기 위해 끝까지 해낼 겁니다. 나는 우리가 지금까지 성취한 것에 대한 축하를 겸해서 우리 팀과 함께 점심을 대접하고 싶습니다. 동의하십니까?"

"그럼 오늘의 회의는 끝입니다" 라고 밥이 외쳤다.

표 8·5　측정평가 변경 관리 프로세스

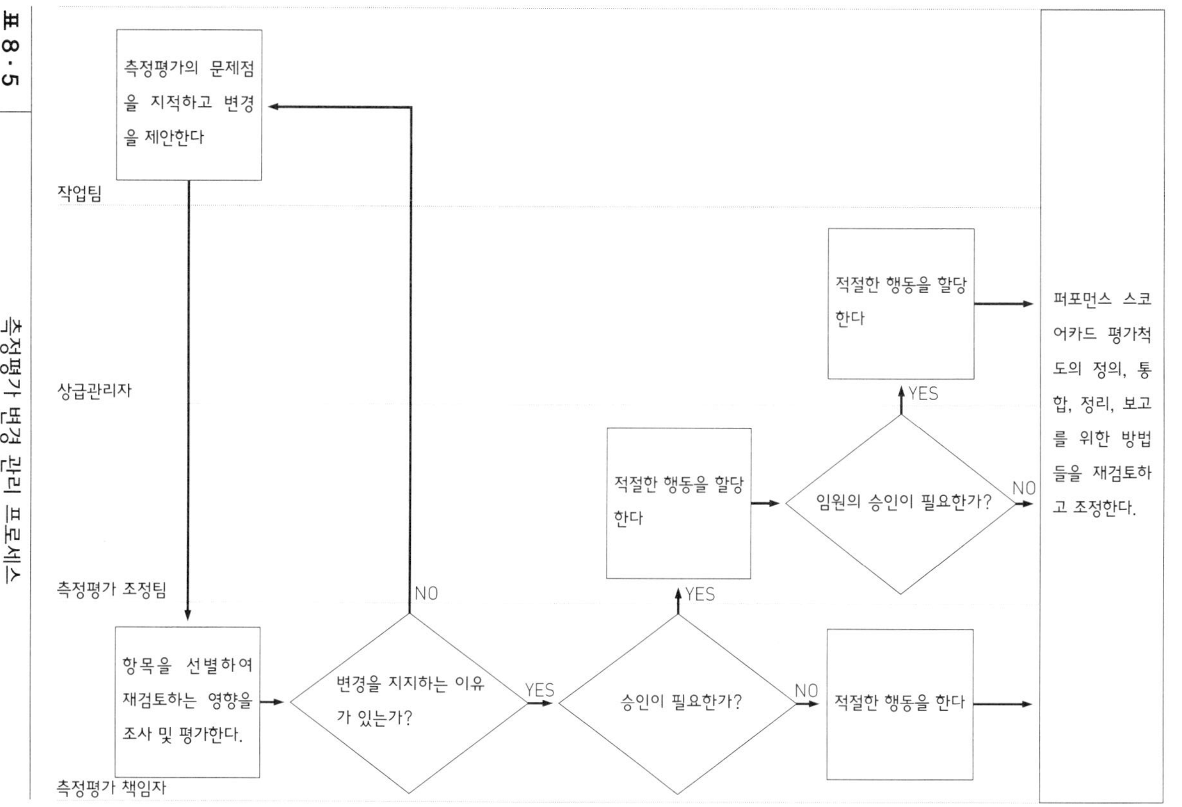

▎ 요약

　평가척도들을 개선해 감에 따라 문제점, 의문들, 그리고 아이디어들이 표면에 나타난다. '확인단계'에서 퍼포먼스 스코어카드를 평가하여 새롭게 하고, 문제를 관리하기 위한 프로세스를 만들고, 퍼포먼스 스코어카드를 새롭게 하기 위해서 적절한 사람들을 참여시킨다. 보다 좋은 사업성과를 지원하기 위해 평가척도들을 개선시키고, 당신 팀이 평가척도에 의한 관리능력을 개선하게 하는 행동들에 초점을 두어라. 당신의 측정 자료가 관련성이 있고, 새롭고 정확한지 확인하기 위해 퍼포먼스 스코어카드를 사업변화와 일치시켜라.

단계	스텝	결과
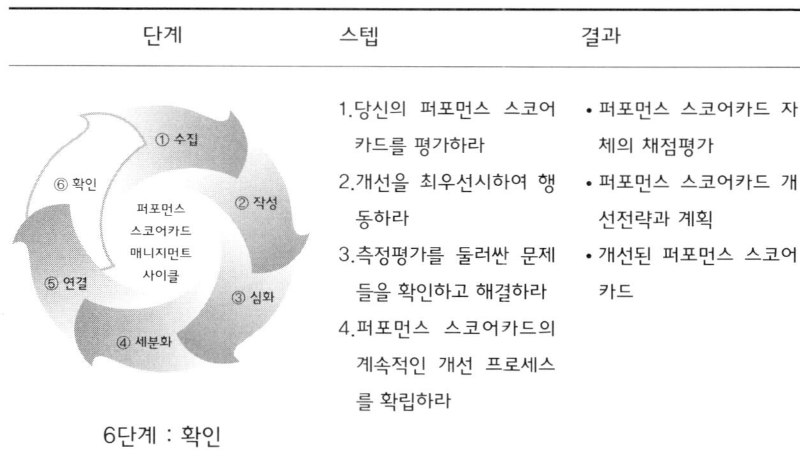 6단계 : 확인	1. 당신의 퍼포먼스 스코어카드를 평가하라 2. 개선을 최우선시하여 행동하라 3. 측정평가를 둘러싼 문제들을 확인하고 해결하라 4. 퍼포먼스 스코어카드의 계속적인 개선 프로세스를 확립하라	• 퍼포먼스 스코어카드 자체의 채점평가 • 퍼포먼스 스코어카드 개선전략과 계획 • 개선된 퍼포먼스 스코어카드

> 측정사례 연구
> Sears, Roebuck and Co.

An APQC 측정사례 연구

시어즈 로벅의 빠른 성장회복은 진정한 기업의 성공 이야기다. 놀랄 정도는 아니지만, 시어즈의 측정평가 시스템은 성장으로의 전환에 크게 기여했다. 시어즈의 측정은 종업원의 성과와 수익성 사이에 명확한 연결이 있을 정도로 성숙했다. 기업의 개선 사례에서 자주 보는 것처럼, 시어즈의 길고 두드러진 역사의 쇠퇴기에서 전환점이 시작되었다.

1992년, 시어즈는 39억불의 순손실을 경험했다. 소매업계들 사이의 선점은 월마트와 K마트로 대체되었다. 시어즈는 이 시기를 변화시키는 데 실패하면 다른 거대 기업과 같은 길을 걷게 될 위험에 처해 있었다. 새로운 리더십은 비참한 '전략'을 막았고, 조직이 다시 일어날 수 있도록 안정과 재구조화를 통해 시어즈를 인도했다. 그러나 변환은 막 시작했을 뿐이었다.

1994년 최고 경영진들은 시어즈의 바람직한 모습, 단순하지만 강력한 비전을 작성했다

- 너무나 일하고 싶은 곳(a compelling place to work)
- 너무나 쇼핑하고 싶은 곳(a compelling place to shop)
- 너무나 투자하고 싶은 곳(a compelling place to invest)

즉, 3C비전이었다.

이 비전은 시어즈가 3C를 각각 얼마나 잘 전달하는지 지속적으로 추적할 수 있는 강력한 예측치를 제공해주는 총체적 성과지표(TPI)로 알려진 시어즈 스코어카드의 기초가 되었다.

새롭게 프로세스를 다듬으면서 TPI 스코어카드는 시어즈의 재무적 전환과 기업 변환에 크게 기여했다. 그 중심에 있는 신념은 종업원 행동은 고객만족에 영향을 미치고, 이것은 재무적 결과가 되어 투자자의 의사결정에 영향을 미친다는 것이다. 다시 말하면, 종업원의 행동은 고객만족도에 영향을 미치고, 최종적으로는 이익에 영향을 미치게 된다는 것이다.

혁신적인 수단을 통해서 시어즈는 3C의 각각에 관해 가치있는 자료를 수집했다. 총체적 성과지표(TPI)는 '너무나 일하고 싶은 곳'을 종업원 만족도와 연결시킨다. 연간 조사로 그들의 직무와 회사에 대한 관련 태도를 측정한다. 조사 항목들은 작업량, 물리적 작업 환경, 상사에게 받는 대우, 직무 달성감, 기업 목적, 사업 전략, 그리고 회사의 미래 등과 같은 주제를 조사한다.

시어즈가 '너무나 쇼핑하고 싶은 곳'인지 아닌지 판단하기 위해서는 상호작용 음성시스템(IVR)에 의해서 고객만족 조사가 행해진다. 무작위로 선택된 고객들은 쿠폰권이 붙어있는 영수증을 수령한다. 그들은 쇼핑 경험에 대한 20개가 넘는 질문들에 대해 무료전화로 대답한다. 조사에 응하는 대가로 참여한 고객들은 시어즈에서 다음 구매 시에 5불을 할인해준다.

IVR조사는 점원의 지식과 이용에 관한 정보, 쇼핑 경험에 관한 정보, 계량경제적/인구통계학적 자료를 수집하는 것이고, 시어즈의 9천 만

세대에 관한 데이터베이스에 추가되어 마케팅 목적을 위해 사용한다.

'너무나 투자를 하고 싶은 곳' 이란 평가척도들은 재무성과, 특히 수익 성장, 영업 이익, 자산 수익 등을 추적한다.

종업원—고객—수익 모델은 성과 결과물들을 높은 정확성으로 예측하기 위해 엄격한 계산을 한다. 시어즈모델은 종업원 측면을 측정하기 위해 예를 들면 승진 기회, 훈련, 급여, 수당과 같은 계량이 가능한 16개의 범주를 사용한다. 종업원들이 '너무나 일하고 싶은 곳' 으로서 시어즈에 대해 어떻게 느끼는지 크고 작은 영향력이 있기 때문에 각각의 범주에는 상이한 점수 가치를 부여한다.

원래 통계모형에서는, 종업원만족도를 측정하는 분야에서 5점 이동이 있다면 종업원의 전반적인 만족에 구체적 영향을 미칠 것이라고 결론지었다. 예를 들어 설명하면 '승진기회' 는 1.3점이 부여되었는데, 승진기회 점수가 5점으로 상승한다면 종업원의 직무와 회사에 대한 전반적인 관련 태도 또한 1.3점 상승하게 된다.

재무적으로 말하면, 종업원만족이 5점 개선될 때 실현된다. 이것이 고객만족에서 평균 0.9점 향상으로 변환된다. 고객 유지가 1% 상승과 결합되면, 시어즈는 수익 성장에서 1.3%의 개선이 실현된다.

시어즈는 상점의 상이한 파트(의류 대 주요 가전제품) 내의 상이한 종업원과 고객만족의 역동성을 설명하기 위한 모형을 조절함으로써 시스템 정교화를 계속해 나갔다. 시어즈는 종업원과 고객만족으로 이끄는 요인을 공유하기 위해, 최상의 사례를 볼 수 있는 인트라넷 자료실을 개발하고 있다. 또 TPI평가척도 외 다른 영역을 탐구한 결과, 시어즈의 쇼핑 경험 점수를 10점 만점으로 평가한 고객의 96%가 친구에게 시어즈를 추천하는 것을 알게 되었고, 시어즈를 '9'로 평가한 고객의 33%만이 시어즈를 추천했다.

포인트는 간단명료하다. 스코어카드 요소들 사이에 계량 가능한 관계가 있다. 경험과 분석이 스코어카드의 평가척도들 사이의 관계를 명확히 하고 보다 효과적인 의사결정과 사업 결과로 이끌어 줄 것이다.

《Associate, Customer Satisfaction Measures Fuel Sears′ Model for Success》 by Craig Henderson; *Measurement in Practice* (Third Quarter 1998) *Issue 13*, Houston, TX: American Productivity & Quality Center (APQC) ©1998 . Reprinted with Permission. Contact APQC for full text.

《The Employee—Customer—Profit Chain at Sears》by Anthony J. Rucci, Steven P. Kirn, and Richard T.Quinn, *Harvard Business Review* (January~February, 1998).

Knowing the
Score

스코어 알기

이번 장에서는 빈스, 리비, 그리고 팀의 나머지 사람들이 그들의 진행과 결과를 되돌아 본다. 그들은 자신들이 만든 퍼포먼스 스코어카드로 개인적, 업무적, 조직적인 면에서 얼마나 큰 이익을 얻었는지 알고 내년 사업 주기와 성과개선을 계획하게 된다. 그들은 퍼포먼스 스코어카드를 개발할 때 배운 교훈과 다른 사람들이 스코어카드를 만들어 가는 전략들을 검토한다. 빈스는 퍼포먼스 스코어카드를 이제 막 시작하는 또 다른 부서장들에게 측정 평가 문제들을 다루기 위한 실질적인 조언을 제시하여, 그의 동료들이 퍼포먼스 스코어카드를 개발하고 관리하는 프로세스 수립에 도움을 준다.

빈스는 그의 팀에게 퍼포먼스 스코어카드 개시 기념일과 사업 결과 개선을 축하하기 위해 근사한 레스토랑에서 점심을 대접했다. 그는 그의 팀이 평가척도의 일관성을 가지기 위해 열심히 일했고, 사업 결과를 개선하기 위해 평가척도들의 사용과 이해를 촉진했다고 느꼈다.

빈스는 기분이 좋았다. 왜냐하면 지난 스탭회의에서 쟌 라슨 사장님이 성과전환에 주목했기 때문이다. 사실상 다른 두 부사장들은 빈스의 행운에 부러운 시선을 보내는 것 같았다.

빈스는 그것이 단순한 행운이 아니라고 생각하고 있었다. 빈스는 그의 관리자들이 초기에는 염려했음에도 불구하고 성공을 향해서 최선의 노력을 기울였다는 걸 알았다. 또한 빈스는 사업목적을 향해 모두가 하나가 된 결과 팀 사이의 관계와 의사소통이 좋아진 것을 느꼈다. 모든 사람들이 협력하면서, 각 구성원들이 만든 고유한 공헌에 감사했다. 그는 열심히 한 부하들도 자랑스럽고 그들과 함께 이룩해 낸 것도 기뻤다.

점심 주문 후 빈스는 건배를 외쳤다. "우리가 성취한 결과들은 우리 모두가 이룩한 결과입니다. 나는 여러분들이 기울인 특별한 노력에 대해 감사드리고 싶습니다. 쉬운 일만 있었던 것은 아니었음을 압니다. 나는 차례로 돌아가며 퍼포먼스 스코어카드를 만드는 동안 배운 가장 의미있는 교훈을 나누고 싶습니다. 앤부터 먼저 시작할래요?"

"알겠습니다." 앤이 대답했다. 그녀는 잠시 생각하더니 입을 열었다. "제가 배운 것 중 가장 가치 있던 건 평가척도들이 우리 팀이 도전하는 데 이용될 수 있다는 것입니다. 팀이 포기하지 않게 하면서, 무리하게 높은 것이 아닌 도전 가능한 목표를 세우는 일은 어렵습니다. 그러나 고객과 협력하면서 벤치마킹함으로써 우리는 성취할 수 있었고, 노력을 요하는 목표를 세울 수 있습니다."

"고마워요, 앤. 미구엘은 어때요?" 빈스가 말했다.

"저는 간단한 것을 얻었습니다." 미구엘이 대답했다. "숫자 인플레이션을 주의하라는 것입니다. 평가척도를 사용함에 따라 성과가 갑자기 좋아진 듯한 장면이 나타납니다. 당연한 결과라면 평가를 해야겠지만, 분명한 이유 없이 일이 잘될 때는 그 수치들을 의심하십시오. 우리 그룹에서도 그런 경우를 한두 번 봤습니다. 그들은 내가 진실을 말하면 벌주지 않는다는 걸 알게 되자 수치를 정직하게 보고하기 시작했습니다. 결과도 더 좋아졌습니다."

"좋은 교훈이군요, 미구엘. 다음은 제가 이야기 하겠습니다." 캐더린이 말했다. "제가 크게 느낀 점은 처음에 생각했던 것보다 평가척도들이 서로 깊게 관련되어 있다는 것입니다. 즉 한 개의 평가척도 개선이 또 다른 평가척도 개선에 반영되기 때문입니다. 예를 들면, 헬프 데스크에 대한 의뢰 실수가 줄어들면서 비용 절감과 고객만족 개선이 함께 나타나는 것을 보았습니다. 우리는 그런 일이 일어날 수 있을 것이라 기대는 했지만 실제로 일어났을 때는 흥분했습니다. 평가척도들 간의 관계를 예상하고 모색하기 위해 학습했습니다. 무엇을 예상해야 하는지를 알면 더 나은 결정을 하는 데 도움이 됩니다."

"대단하네요, 캐서린. 맥스, 당신은 어떤 교훈을 배웠습니까?" 라고 빈스가 물었다.

"너무 많아서… 하나만 고르기가 힘들 정도지만…" 이라고 맥스가 말을 시작했다. "제가 배운 가장 큰 점은 불필요한 행동을 하지 말라는 것입니다. 처음에는 제 팀과 제가 평가척도에 있는 모든 작은 움직임에도 민감하게 반응하면서, 너무 많은 프로세스들을 어설프게 고쳐갔습니다. 서투르게 고친 것이 실질적으로 일을 더 그르쳤다는 걸 깨달을 때까지 수정을 계속했습니다. 우리들 자신이 혼란을 초래하고 소란을

떨면서 비용을 증가시키고 성과를 떨어뜨린 셈이죠. 멈춰 서서 무엇을 해야 하는지 잘 생각했고, 필요한 행동을 하나씩 결정하여 검증하지 않으면 안 되었습니다. 우리는 실제로 약간 속도를 늦춤으로써 신속히 진행할 수 있다는 걸 배웠습니다. 이상하게 들릴지 몰라도 우리에게는 잘 적용되었습니다.”

“생각했던 것보다 더 많은 효과를 본 것 같군요. 그런데, 홀리는 아까부터 침묵을 지키고 있는데, 가장 큰 교훈은 무엇이라고 생각합니까?”라고 빈스가 물었다.

“저는 오늘 아침 회의에서 밥이 말한 내용을 생각했습니다. 즉 ‘우리의 퍼포먼스 스코어카드는 결코 끝은 없다’ 는 교훈 말입니다”라고 홀리가 말했다. “우리 사업이 전개됨에 따라 평가척도를 새롭게 바꿀 필요가 있습니다. 고객의 요구와 우리의 프로세스들에 대해 더 많이 알면 알수록 올바른 평가척도를 더 잘 이해할 필요가 있을 것입니다. 그러므로 우리는 계속 평가척도를 개발 진화시키고 새롭게 해야 합니다.”

“고맙소, 홀리.” 빈스가 말했다. “이제 내가 배운 교훈을 말할 차례군요. 나의 가장 큰 교훈은 리비 없이는 불가능했다는 겁니다. 사태가 심각했을 때 그녀는 나에게 퍼포먼스 스코어카드를 사용하기를 제안했습니다. 처음엔 확신하지 않았지만, 그녀는 내가 신봉자가 되게 했습니다. 특별한 감사로서 그녀에게 경의를 표합니다.”

모두가 박수를 치는 사이 리비는 얼굴을 빨개지며 웃었다. 바로 그때 식당 종업원이 점심을 가져 왔다. “잘됐군요. 덕분에 제가 얘기할 수고를 덜었어요.” 리비는 장난스럽게 말했다. “밥, 우리가 배운 교훈이 어떻습니까?”

“전 여러분 모두에게 10만점에 12점을 주고 싶습니다!” 밥이 기쁜 얼굴로 말하자 다시 한 번 큰 박수가 터져나오고, 즐거운 점심식사가 시작되었다.

빈스가 그의 사무실로 돌아왔을 때, 솔브넷 컨설팅 서비스 부의 부사장인 팀 파커*Tim Parker*에게서 메시지가 와 있었다. 빈스와 팀은 빈스가 판매와 마케팅 부서에서 일할 때부터 오랜 친구였다. 두 사람은 빈스의 전환에 대한 부사장들의 반응에 대해 사장님의 스탭 모임 후 이야기를 나눴다. 빈스는 그와 관련된 얘기라고 생각하면서 팀에게 전화를 걸었다.

“여보세요? 팀, 전화했었다면서?”

“그래, 전화해줘서 고마워.” 팀이 대답했다. “지난번 미팅에서 사장님이 자네 부서의 극적 전환에 대해 얘기하는 걸 듣고 궁금해서 말이야. 듣자 하니 퍼포먼스 스코어카드 자료로 시간을 소비하고 있다는데 혹시 그 때문인지 해서….”

“긍정적인 전환은 분명히 퍼포먼스 스코어카드를 이용한 것과 관련이 있네. 단순히 평가척도만 좋아진 것이 아닐세. 우리의 평가척도들이 사업 목적과 결합될뿐더러 성과관리를 사용하면서 부하들을 우리부의 목적과 연결되었다는 것을 확신하게 되었네. 그런데 왜 또 그것을 묻지?”

“자네가 결과를 보여주는 걸 강조하기 위해서 퍼포먼스 스코어카드를 사용한다고 말하는 사람들이 있다는 걸 알려주는 게 좋을 것 같아서 그래. 그리고 자네 부서의 결과들이 정말인지 의심하는 사람도 있네. 변화들이 매우 극적이었다는 건 자네도 인정하지 않나?”

빈스는 화를 냈다. “팀, 뭘 얘기 하고 싶은거지?”

“어떤 암시를 하려는 건 아냐, 빈스. 단지 도움이 될 만한 정보를 넘겨주는 것뿐이야. 난 자넬 위해서라면 언제든지 두 팔을 걷고 나서지 않나?” 팀이 말했다.

“팀, 나는 우리의 수치가 확실하고 진실을 나타낸다는 걸 확신시킬 수 있어. 내 관리자들과 나는 자료가 옳은지 확실히 하기 위해 점검하고 있어. 그래서 우리는 그 결과를 확신한다는 거야.”

“그런데 빈스, 왜 그렇게까지 확신하지? 자네는 단지 몇 개의 수치들을 보여준 것뿐이네. 지금까지 자네가 추적한 모든 다른 결과의 수치는 어떻게 되었지? 그것들 모두 잘되고 있나?”

“우리는 우리가 추적한 결과의 일부는 관심을 갖고 있지 않아. 오래된 평가척도들 중에는 결코 도움이 되지 않는다는 걸 깨닫고 폐기한 것도 있네. 각 팀에게 주어진 책임범위 안에서 추적하는 평가척도들도 있어. 내 모든 관리자들이 우리 부서의 사업 목적과 연결된 평가척도들로 결과를 보여주고 있다네. 그런 중요한 평가척도만 검증하고 보고받고 있는 거지.”

“그렇다면 몇 가지 평가척도들은 삭제했다는 말인가? 어떻게 그게 가능한가?” 팀이 의아해했다.

“날 믿어! 그것이 우리가 한 것 중 최고의 일이야.” 빈스는 그를 확신시켰다. “우리를 자유롭게 해서 정말로 중요한 것에 초점을 두게 하고, 중요하지 않거나 우리가 통제할 수 없는 것들은 고민하지 않도록 시간과 자원을 아끼게 하니까. 이제 우리는 우리가 더 나은 관리자들이며, 더 나은 결정을 할 수 있다고 느낀다네."

"빈스, 예전보다 더 소수의 평가척도들로 더 나은 결정을 한다는 건가? 나는 의사 결정을 할 때면 늘 정보가 부족하다고 느끼는 판국인데…? 자료는 많은데 정보는 없다고나 할까…"

"그게 문제야. 자네에게 아무 도움이 안 되는 자료는 모두 폐기하고 소수핵심평가척도들로 간소하게 하게나. 그 평가척도들을 사업 목적에 적합시키고 최신화하고, 또 규칙적으로 살펴보고 자네 부서원들과 연결되는지 확인해 보게. 팀원들도 평가척도를 준비시키고 피드백을 하는 게 중요하다네."

"정말 간단하게 말하는군 그래."

"간단하지. 부서 내에서 연결·조정하는 데 노력이 필요하지만, 해 볼 가치는 있어. 자신들의 사업 목적에 면밀하게 집중시키고, 솔브넷의 목표에 어떻게 연결되어 있는지 자세히 알려주지. 끝마칠 때쯤이면 고객서비스팀의 각 구성원들이 부서 결고에 얼마나 기여 했는지 쉽게 알게 될걸세. 물론 그들 또한 알게 되었지."

잠시 후 팀이 물었다. "자넨 어떻게 그 모든 걸 했지? 거기까지 생각하려면 상당히 고생했을 텐데?"

"간단한 6단계 프로세스가 있다네. 원한다면 가르쳐 주지."

"물론 알고 싶어. 자네 부서의 결과가 정당하고 진실된 것이라면 나도 그 비밀의 동료가 되고 싶네."

"그건 전혀 비밀이 아닐세. 내일 점심이나 하면서 얘기할까?"

"정말이야? 기쁘군! 그럼 점심은 내가 사지!"

빈스도 웃었다. "그럼, 정오에 내 차로 자네를 데리러 가겠네."

통화를 끝내고 빈스는 특히 팀의 부서에 대해 좋은 감정을 느꼈다. 팀은 좋은 관리자였다. 그리고 그가 도움을 요청했다는 것은 중요한 의미가 있었다. 아마 솔브넷의 다른 사람들도 퍼포먼스 스코어카드를 알기 원할 것이다. 그는 의자를 창문 쪽으로 돌리고 사장님과 다른 모든 사람들이 퍼포먼스 스코어카드를 사용하면 어떨지 상상했다. 작성 단계에서 사장님과의 토론했을 때도 그가 어렴풋이 관심이 있다고 느꼈다. 그는 솔브넷의 성과들이 급상승하는 것이 눈에 선했다.

"빈스, 2시부터 회의가 있습니다."

빈스의 환상은 문 앞에 서 있는 리비에 의해 깨졌다.

"리비, 다시 얘기해 줘요. 주제가 뭐였지?"

"내년 사업계획에 관한 겁니다. 쟌 라슨 사장님은 내년 사업목표에 대해 같이 얘기하고 싶어하세요. 뭔가 놀랄 만한 데다, 아주 이루기 힘든 목표를 말씀하실 것이라는 소식통의 말이에요."

빈스는 리비를 정면으로 쳐다봤다. "리비, 이번엔 우리가 사장님을 놀라게 할 차례야. 우리 부서는 힘든 목표에 대한 준비가 되어있거든. 사장님이 우리에게 어떤 도전을 강요해도 놀라지 않을 거야. 반대로 회의 후 퍼포먼스 스코어카드에 관해 일대일 토론을 해서 사장님을 놀라게 하고 싶어. 빈틈없이 준비하자구."

리비는 웃으면서 대답했다. "사장님과의 대결이 얼마나 성공할지 측정평가해야겠네요! 행운을 빌어요!"

요약

　퍼포먼스 스코어카드 개발은 노력이 필요하다. 그러나 현실 세계에 대한 올바른 정보를 제공하는 소수의 보다 나은 평가척도들을 제공함으로써 투자한 이상의 이익을 준다. 퍼포먼스 스코어카드는 원하는 성과를 촉진하고 강화시키는 피드백을 제공함으로써 팀이 공통의 사업 목적을 향하여 나아가는 노력들을 합치는 데 도움을 주기 때문에 경영진이 강해진다.

　경영진들이 퍼포먼스 스코어카드를 사용하여 정기적으로 결과를 검토함으로써 다음과 같은 이점이 있다.

- 성과 변화들이 긍정적인지 부정적인지 빨리 깨닫는다
- 추세가 빨리 인식된다
- 성과에 큰 변동을 일으키는 근본 원인들이 확인된다
- 적절한 대책/행동들이 결정된다
- 문제가 커지는 것을 막는다
- 성과 개선들이 강화된다
- 관리층의 '소방 활동' 관리가 줄어든다

　퍼포먼스 스코어카드를 개발, 관리, 사용하는 절차들을 사업 성과 추진의 가동력으로 삼길 바란다. 다른 회사나 개인들이 좌절이나 불안을 줄이고 더 나은 결과를 달성하기 위해 사용해 온 절차들을 여러분들도 꼭 시도하길 진심으로 바란다.

참고문헌

Baldrige National Quality Program. (January 1999). Board of Examiners Update. Gaitherburg, MD: National Institute of Standards and Technology.

Baldrige National Quality Program. (1999). Malcolm Baldrige National Quality Award: Profiles of Winners. Gaithersburg, MD: National Institute of Standard and Technology.

Canik, A. (1997, October/November) Aggressive Performance Management and Measurement Pay Off: City of Indianapolis Pioneers Privatization, Houston, TX: American Productivity & Quality. Center

Daniels, S., & Hagen, M. (1999, April) Making the Pitch in the Executive Suite: How Quality Got to the Top with Six Baldrige Award Winners. Quality Progress, pp.25?33.

Elliott, S. (1997, August/September) Measuring Success: Winning the Baldrige Was Just a Step Along Granite Rock's Endless Road to Quality. Houston, TX: American Productivity & Quality Center.

Henderson, C. (1998). Associate, Customer Satisfaction Measures Fuel Sears' Model for Success. Houston, TX: American Productivity & Quality Center.

Henderson, C. (1998). Innovative Measurement Systems a Way of Life at Bekaert UBISA. Houston, TX: American Productivity & Quality Center.

Kaplan, R., & Norton, D. (1993, September/October). Putting the Balanced Scorecard to Work. Harvard Business Review, pp.

Kaplan, R., & Norton, D. (1996). The Balanced Scorecard. Boston, MA:Harvard Business School Press.

Landes, L. (1995, July). Leading the Duck at Mission Control. Quality Progress, pp.

Lingle, J., & Schiemann, W. (1996, March). From Balanced Scorecard to Strategic Gauges: Is Measurement Worth it? Management Review, pp.

Morgan, B., & Schiemann, W. (1999, January). Measuring People and Performance: Closing the Gaps. Quality Progress, pp.

Rucci, A., Kirn, S., & Quinn, R. (1998 January / February). The Employee?Customer?Profit Chain at Sears. Harvard Business Review, pp.

Strategic Plans Don't Produce Desired Results. (1996, June). Quality Progress, p.

Stratton, B. (1998, October). Texas Namplate Company: All You Need Is Trust. Quality Progress, pp.

Stratton, B. (1998, October). UPS: Its Long?Term Design Delivers Quality Millions of Times Each Day. Quality Progress, pp.

Struebing, L. (1996, December). Measuring for Excellence. Quality Progress, pp.

현대의 경영관리자가 조직을 건전하게 운영하려고 할 경우, 그 과제는 단순하지 않다. 주요 과제들은 만족할 만한 이윤획득, 새로운 수요 개척, 신상품 개발, 고객의 요구에 대한 충분한 대응, 법이나 윤리적 기준에 기초한 기업행동, 주주의 요구 만족, 거래처 만족, 지역사회로부터의 존경, 사회규범의 준수, 종업원의 성장 지원, 종업원의 복리후생이나 경제적 안정 제공, 업무나 관리의 개선 등 많은 성과지표들과 관련된다.

그래서 경영자와 관리자 중에는 많은 과제/문제점에 매몰되어 지금 무엇을 하고 있는지, 어떤 결과/성과와 연결되는지를 명확히 알지 못하고 힘들어 하는 사람들을 많이 만날 수 있다. 문제는 일하는 양이 부족한 것이 아니라, 바쁘게 일하고 있지만 원하는 결과가 나오지 않는 것이다.

이 책은 그런 문제에 대한 통쾌한 해결방법을 제시한다. 저자인 리처드 창 박사는 말콤 볼드릿지상의 심사위원으로 명성이 높고, 측정지표의 사용방법에 대해 조예가 깊다.

그것은 조직의 전략과 비전에서 유도하여 조직의 성과를 평가하며, 최고경영자에서 일선의 일반 사원들까지 연결을 강하게 하며, 각자의 업무나 역할이 조직 전체와 어떻게 연결되어 있는지 조직구성원들에게 잘 이해시켜 지속적 학습을 하게 하는 시스템이다.

이 시스템은, 저자인 리챠드 창 박사와 비콘(BCon)그룹이 많은 검증을 했다. 미국의 경우는 Universal Studio, Ricoh, Citibank, Boows—Allen Hamilton, Dupout 등에서 도입하였고, 일본에서는 기업들이 경영관리의 전략성, 신속성을 추구하여 기업전략을 알기 쉽게 하는 경영전략 추진방법으로서 철강관련 J사, 자동차관련 H사, 주택관련 N사, 스포츠관련 S사 등 많은 기업이 도입했다. 한국에서는 대부분의 경우 글로벌 외국기업들이 도입하였는데 대표적으로는 반도체를 중심으로 하는 H그룹, S사, OS기기를 취급하는 E사 등이 있다. 도입 목적은 주로 인사관리컨설팅 중 평가제도 개선이 많았는데, 도입 결과 평가의 공정성에서 큰 성과를 거두고 있고, 비전과 전략을 사원들에게 알기 쉽게 전달하는 효과를 보았다. 또한, 도입 기업은 조직 구성원들에게 본인의 업무가 조직의 어떤 부분에 기여하는지 쉽게 이해시키며, 조직 구성원들의 행동을 조직이 원하는 방향으로 이끌어 주는 효과를 얻었다. 그 외에도 기업들은 다수의 부수적 성과를 볼 수 있었다(주; 아쉽지만 일본과 한국의 경우 비밀유지 계약을 맺고 있어 고객사 명을 구체적으로 밝힐 수 없다).

세계적으로 이러한 컨설팅을 통해 다수의 기업들이 많은 성과를 거두는 것을 바라보며 비콘에서만 노우하우를 보유하는 것은 너무나 아깝다는 생각에, 지식공유라는 차원에서 한국에서도 비콘코리아가 번역을 추진하게 된 것이다.

능력주의, 성과주의를 관철하면서 사원들에게 비전과 전략을 알기 쉽게 전달하고, 본인의 업무가 조직의 어떤 부분에 기여하는지 쉽게 알려줌으로써, 동기를 부여할 수 있는 방법을 찾는 경영자나 관리자분들에게 이 책을 꼭 추천하고 싶다. 독자 여러분들이 조직을 전사적으로 성과관리하는 데 있어 반드시 좋은 시사점을 얻을 수 있을 것이라 확신한다.

끝으로 바쁘신 중에도 이 책을 감수해주신 고려대학교 경영학과 문형구 교수님, 한국어판 번역을 흔쾌히 수락해 주신 저자 리처드 창 박사, 비콘그룹의 사이토 쇼고 회장님, 한언출판사 사장님과 편집에 애쓰신 직원 여러분, 원고 교정을 위해 헌신적으로 도와주신 이수봉 작가님, 그리고 출판 준비 등으로 수고를 아끼지 않은 비콘(*BCon*) 그룹 관계자들, 비콘(*BCon*)코리아의 지준영 사원에게 깊은 감사를 드린다. 부디 이 책이 기업의 임직원들에게 많이 보급되어 한국의 기업경영 발전에 이바지할 수 있기를 진심으로 기원한다.

2005년 7월 김일기, 장용선

한언의 사명선언문

Our Mission ·우리는 새로운 지식을 창출, 전파하여 전 인류가 이를 공유케 함으로써 인류문화의 발전과 행복에 이바지한다.

·우리는 끊임없이 학습하는 조직으로서 자신과 조직의 발전을 위해 쉼없이 노력하며, 궁극적으로는 세계적 컨텐츠 그룹을 지향한다.

·우리는 정신적, 물질적으로 최고 수준의 복지를 실현하기 위해 노력하며, 명실공히 초일류 사원들의 집합체로서 부끄럼없이 행동한다.

Our Vision 한언은 컨텐츠 기업의 선도적 성공모델이 된다.

저희 한언인들은 위와 같은 사명을 항상 가슴 속에 간직하고
좋은 책을 만들기 위해 최선을 다하고 있습니다.
독자 여러분의 아낌없는 충고와 격려를 부탁드립니다.
· 한언 가족 ·

HanEon's Mission statement

Our Mission ·We create and broadcast new knowledge for the advancement and happiness of the whole human race.

·We do our best to improve ourselves and the organization, with the ultimate goal of striving to be the best content group in the world.

·We try to realize the highest quality of welfare system in both mental and physical ways and we behave in a manner that reflects our mission as proud members of HanEon Community.

Our Vision HanEon will be the leading Success Model of the content group.